Englische Grammatik kommunikativ

Dominik Banhold

Englische Grammatik kommunikativ

Aktivierende Grammatikübungen
für die Klassen 7 und 8

Ernst Klett Sprachen
Stuttgart

Photocredits

16 Thinkstock (sv_sunny), München; **21** Thinkstock (YuliaBuchatskaya), München; **22** Thinkstock (aklionka), München; **27** Thinkstock (studiogstock), München; **28** Thinkstock (vabadov), München; **36** Thinkstock (anna42f), München; **48** Bigstock (Oneinchpunch), New York, NY; **49.1** Thinkstock (sebasebo), München; **49.2** age fotostock © World History Archive; **49.3** Thinkstock (niejenoor), München; **49.4** Thinkstock (visiblelight), München; **70** Thinkstock (Bonilla1879), München; **71** Thinkstock (Bonilla1879), München; **72** Thinkstock (esancai), München; **73** Thinkstock (29mokara), München; **74** Thinkstock (Bonilla1879), München; **75** Fotolia (WoGi), New York; **83** Thinkstock (chrupka), München; **84** Thinkstock (chrupka), München; **86** Thinkstock (Bonilla1879), München; **87** Bigstock (parkheta), New York, NY; **88** Thinkstock (esancai), München; **90.1** Thinkstock (pringletta), München; **90.2** Thinkstock (Sergey Markov), München; **90.3** Thinkstock (Pingebat), München; **90.4** Thinkstock (martin951), München; **90.5** Thinkstock (Alexey Buhantsov), München; **90.6** Thinkstock (Violeta Stosic), München; **90.7** Thinkstock (marnikus), München; **102** Thinkstock (Dynamic Graphics), München; **103** Bigstock (rashadashurov), New York, NY

1. Auflage 1 5 4 3 2 1 | 2021 20 19 18 17

www.klett-sprachen.de

Autor: Dr. Dominik Banhold

Redaktion: Wolfgang Volz
Layoutkonzeption: Maja Merz
Gestaltung und Satz: DOPPELPUNKT, Stuttgart
Umschlaggestaltung: Maja Merz
Titelbild: Fotolia (chagin), New York
Druck und Bindung: CEWE Stiftung & Co. KGaA, Germering
Printed in Germany
ISBN 978-3-12-505706-7

9 783125 057067

Inhaltsverzeichnis

Vorwort

Liebe Kollegin, lieber Kollege,

der vorliegende Band unterstützt Sie dabei, Ihren Grammatikunterricht schülerzentriert, kommunikativ und interaktiv zu gestalten, um die kommunikative Kompetenz Ihrer Schüler und ihre grammatische Korrektheit im kommunikativen Kontext zu verbessern. Die Übungen bieten eine Ergänzung zum schriftlichen und expliziten Grammatiklernen um die tatsächliche Verinnerlichung der Grammatik im Rahmen kommunikativen Handelns. Unsere Schüler sollen grammatische Strukturen nicht bloß lernen, sondern sie nutzen. Im Zentrum steht die Anwendung grammatischer Strukturen in ihrer originären Form, nämlich in der gesprochenen Sprache.

Dies ist der zweite Band von drei Arbeitsbüchern zur kommunikativen und interaktiven Übung grammatischer Strukturen im Englischunterricht der Sekundarstufe I. Der vorliegende Band umfasst das Grammatikpensum der Jahrgangsstufen 7 und 8. Die Bände 1 und 3 sind für die Jahrgangsstufen 5 und 6 bzw. 9 und 10. Der Wortschatz und die Progression der Grammatikstrukturen korrespondieren mit denen der gängigen Englischlehrwerke.

Jeder Band enthält praxiserprobte schüleraktivierende Übungen, denen ein knapper und übersichtlicher Lehrerkommentar beigefügt ist. Dieser bietet einen schnellen Überblick über Inhalt, Aufwand und Ablauf der Übungen sowie Lösungen und hilfreiche Phrasen, ebenso wie Erklärungen und mögliche Tafelanschriebe zu den einzelnen Aufgaben. Die Übungen beinhalten vielfältige kommunikative und interaktive Methoden und Arbeitsaufträge. Sie orientieren sich grundlegend an der kommunikativen Funktion der grammatischen Strukturen, beziehen im Sinne eines integrativen Unterrichts aber auch andere Lernbereiche und Fertigkeiten wie beispielsweise landeskundliches Wissen, Leseverstehen und Mediation mit ein.

Die Arbeitsbücher können gemäß der Abfolge der Themen in den Bänden systematisch durchgearbeitet werden, es können aber auch je nach Bedarf einzelne Übungen herausgegriffen werden. Sämtliche Übungen sind flexibel und unabhängig voneinander einsetzbar.

Ihr Dr. Dominik Banhold

Grundlagen kommunikativen Grammatikunterrichts

Mit dem zunehmenden sprachstrukturellen Wissen der Schüler erfolgt in diesem Band eine Progression der zu bewältigenden kommunikativen Aufgaben. Findet Kommunikation in den Klassen 5 und 6 noch geschlossener und oft in spielerischen Kontexten statt, begeben sich die Schüler in den Übungen in diesem Band stärker in offenere kommunikative Situationen, in denen sie häufiger in freie Gespräche eintreten. Für den Erfolg solcher kommunikativen Übungen sollte die Lehrkraft die Schüler immer wieder dazu animieren, in den vorgegebenen Situationen tatsächlich Gespräche zu führen. Dazu muss das Gespräch als solches selbst im Unterricht thematisiert werden. Im kommunikativen Grammatikunterricht hat die Lehrkraft daher die Aufgabe, einen **prototypischen Gesprächsaufbau zu erklären und einzufordern.** Die ***practice phrases*** am Ende dieses Buches (KV 56) bieten dafür eine hilfreiche Grundlage. Diese Phrasen sollten frühzeitig im Unterricht eingeführt und mit den Schülern besprochen werden, sodass schnell eine Maximierung der Einsprachigkeit im lehrerdezentrierten Unterricht erfolgen kann. Die Schüler können die Phrasen in ihre Hefte einkleben oder abheften, sodass sie sie stets mit sich führen und bei Bedarf nutzen können. Es bietet sich an, die Phrasen in Form eines größeren Aushangs permanent im Klassenzimmer sichtbar zu machen. Bei häufiger Verwendung der Phrasen bleiben sie den Schülern zunehmend im Gedächtnis.

Kommunikative und interaktive Methodik

Kommunikative und interaktive Methoden[1] suchen durch die Schaffung kommunikativer Situationen und Szenarien den Sprechanteil jedes einzelnen Schülers[2] im Englischunterricht zu erhöhen. Die Schüler kommunizieren mit gleichrangigen Partnern. Solche Herangehensweisen bauen sprachliche Hürden ab und stellen eine emotionale Vorentlastung für Plenumsgespräche dar. Bei dieser Fokussierung der Kommunikation darf die korrekte Anwendung grammatischer Strukturen nicht aus dem Blickfeld geraten. Allerdings ist es für Schüler und Lehrkraft unbefriedigend, wenn jede schülerzentrierende und kommunikative Übung am Ende auf ein lehrergelenktes Unterrichtsgespräch hinausläuft, in dem die Ergebnisse der kommunikativen Phase schriftlich gesichert werden (und das die kommunikative Funktion grammatischer Strukturen untergräbt). Dies ist nicht zuletzt deshalb problematisch, da in kommunikativen Übungen häufig individuelle Schülerlösungen entstehen, die nicht auf eine Musterlösung reduziert werden können.
Wie kann man die **Ergebnisse kommunikativer Unterrichtsphasen** trotzdem bestätigend, modifizierend oder korrigierend besprechen? Grundlegend ist, dass die Lehrkraft ihren Schülern in ihren Kommunikationen zuhört und dem einzelnen Schüler direkt und zeitnah nach dem Regelverstoß hilft. Sie geht im Klassenzimmer umher und notiert sich Fehler und Probleme, die im Anschluss an die kommunikative Phase im Plenum besprochen werden. Ein lehrerdezentrierender Unterricht ist kein lehrerabwesender Unterricht: **Mitreden statt Vorreden**. Nutzen Sie Methoden wie *milling around* oder *double circle* und nehmen Sie wie Ihre Schüler aktiv an der Übung teil, um Schwächen und Probleme im Umgang mit den grammatischen

1 Die Beschreibung der Methoden folgt weitläufig bekannten und verwandten Definitionen. Zu tiefergehenden Beschäftigung mit Methoden eignen sich insbesondere die Werke von Kindel, Henseler und Möller, die beim Schöningh Verlag erschienen sind.

2 Aus Gründen der besseren Lesbarkeit wird auf die gleichzeitige Verwendung männlicher und weiblicher Sprachformen verzichtet; in der Regel wird die männliche Schreibweise verwendet. Sämtliche Personenbezeichnungen gelten grundsätzlich für beiderlei Geschlecht.

Strukturen zu erkennen und anschließend gezielt zu besprechen. Sichere und gute Schüler können die Lehrkraft als Tutoren unterstützen, indem sie Schwächen ihrer Mitschüler beobachten sowie korrigieren und der Lehrkraft zur Plenumsbesprechung mitteilen.

3-Step interview (3-Schritte Interview)
Das *3-step interview* ist eine dreischrittige Methode, bei der die Schüler Inhalte aus verschiedenen Perspektiven erfahren und mitteilen. Im ersten Schritt bereiten die Schüler das Interview in Partner- oder Gruppenarbeit vor. In Schritt zwei interviewen sich verschiedene Partner, in Schritt drei werden die interviewten Schüler aus Phase zwei anderen Schülern vorgestellt. Schritte zwei und drei können als Gruppenarbeit (Schritt 2: S1 interviewt S2 – S3 interviewt S4. – etc. → Schritt 3: S1 und S3 bzw. S2 und S4 stellen sich die interviewten Partner vor) oder im *milling around* (Schritt 2: Die Schüler suchen sich einen oder mehrere Partner, die sie interviewen → Schritt 3: Die Schüler suchen sich neue Partner, die sie über die interviewten Schüler informieren) durchgeführt werden. Der Wert dieser Methode für den Grammatikunterricht liegt nicht zuletzt darin, dass die Schüler verschiedene Perspektiven einnehmen und „Personen" verwenden müssen („I" als Interviewpartner und *you* als Interviewer in Schritt 2, *he/she/they* als Vorstellende in Schritt 3. Die Schüler sollten dazu angehalten werden, das Interview durch Grußformeln und Anliegen zu kontextualisieren (*Hello …, I would like to ask you some questions. Is that ok?*).

Bus stop (Lerntempoduett)
Es handelt sich bei *bus stop* um eine binnendifferenzierende Methode, die das unterschiedliche Arbeitstempo der Schüler berücksichtigt. Die Schüler bearbeiten eine Aufgabe und begeben sich an einen vorgegebenen Ort (*bus stop*), sobald sie die Aufgabe erledigt haben. Sie warten dort auf einen weiteren Schüler, der die Aufgabe bearbeitet hat und es bilden sich Paare, die ihre Lösungen miteinander vergleichen. Die Methode eignet sich auch, um fortlaufend wechselnde Paare zu bilden, um eine Übung mit verschiedenen Partnern zu wiederholen.

Double circle (Kugellager)
Im *double circle* arbeiten Schüler wechselnd mit verschiedenen Partnern zusammen. Es werden zwei Kreise mit gleicher Schülerzahl gebildet, ein Innenkreis und ein Außenkreis, wobei sich immer zwei Schüler gegenüberstehen. Mit ihrem Partner erledigen die Schüler in den Kreisen ihre kommunikative Aufgabe, bevor die Kreise gedreht werden, damit neue Partner entstehen. Je nach Übung und Übungsbedarf können die Kreise beliebig häufig rotieren.
Bei einer ungeraden Schülerzahl bleibt entweder ein wechselnder Schüler außen vor, oder die Lehrkraft wird Teil eines Kreises.

Market place (Marktplatz)
Bei dieser Methode begeben sich die Schüler wie auf einem Marktplatz an verschiedene Stände, an denen sie mit ihren Mitschülern über deren Produkte ein Gespräch führen. Stühle und Tische müssen im Klassenzimmer so angeordnet werden, dass den Schülern genügend Raum gegeben wird, um sich zu den einzelnen Ständen zu begeben und dort in Ruhe ihre kommunikative Aufgabe bewältigen zu können.

Milling around (Forumsgeplauder)

Milling around ist eine Methode, bei der die Schüler grammatische Strukturen in kurzen Konversationen mit wechselnden und selbst gewählten Partnern anwenden. Dazu werden Tische und Stühle beiseite geräumt, sodass eine freie Fläche als Forum entsteht, auf dem die Schüler sich frei bewegen und wechselnd neue Partner suchen können.

Partner puzzle (Partnerpuzzle)

Im *partner puzzle* arbeiten die Schüler binnendifferenziert mit wechselnden Partnern zusammen. Die Schüler finden sich in Vierergruppen (S1 – S4) zusammen. Innerhalb der Gruppen werden leistungshomogene Paare (S1 – S2 und S3 – S4) gebildet. Jedes Paar erhält eine andere Aufgabe, wobei die beiden Aufgaben zunächst in Einzelarbeit bearbeitet werden. Die Antworten besprechen sie mit ihrem Partner. Es werden neue Paare gebildet (S1 – S3 und S2 – S4) und die Schüler erläutern sich gegenseitig ihre Aufgaben und Antworten.

Tandem

In Tandem-Übungen treten die Schüler in einen Rollendialog ein und verwenden auf der Grundlage vorgegebener Inhalte grammatische Strukturen. Der Partner vergleicht die Aussagen mit den Lösungen, die ihm zur Verfügung stehen. Er weist seinen Partner auf Fehler hin, gibt ihm die Möglichkeit, sich zu verbessern und bestätigt oder korrigiert final.

Think, pair, share

Bei *think, pair, share* bearbeiten die Schüler eine Aufgabe zunächst in Einzelarbeit. Sie vergleichen ihre Ergebnisse mit einem Partner. Abschließend werden die Antworten in der Gruppe oder im Plenum mit denen der Mitschüler verglichen und diskutiert.

Pair work (Partnerarbeit)

Die Schüler bearbeiten eine Aufgabe zusammen mit einem Partner. Es sollte darauf geachtet werden, dass die Paare variieren. Paare können sich auf verschiedene Weise bilden, z. B. spielerisch über zusammengehörende Kärtchen oder über gemeinsame Merkmale wie Geburtsmonat, Lieblingsessen, etc. Auch die *bus stop*-Methode (s. o.) eignet sich, um wechselnde Paare zu bilden.

Group work (Gruppenarbeit)

In der Gruppenarbeit bearbeiten die Schüler eine Aufgabe gemeinsam mit anderen Mitschülern. Gruppen können je nach Ziel oder Aufgabenstellung leistungshomogen oder leistungsheterogen gebildet werden. Die Gruppenzusammensetzung sollte variieren. Gruppen können über Abzählen oder nach äußeren Merkmalen wie Körpergröße, Kleidungsfarbe oder Geburtsmonat gebildet werden. Eine Sonderform der Gruppenarbeit ist das Gruppenpuzzle. Hier bilden sich in verschiedenen Phasen aus Ursprungsgruppen neue Gruppen, in denen die Schüler ihre Ergebnisse aus den Vorgruppen austauschen, um effizient ein Konvolut an Informationen zusammenzutragen.

Aufbau der Kapitel

Die Übungen in diesem Band setzen an verschiedenen Phasen des Grammatikunterrichts an und weisen unterschiedliche Schwierigkeitsgrade auf.

Noticing

Diese Übungen eignen sich für die Begegnungsphase mit dem neuen grammatischen Inhalt. Die Schüler verwenden die grammatische Struktur, ohne auf einer Metaebene analytische Prozesse zu durchlaufen. Sie bekommen ein erstes Gespür für die Struktur und schleifen sie durch vorgegebene Sätze ein.

Engaging

Die Schüler setzen sich auf der Metaebene analytisch mit der grammatischen Struktur auseinander. Sie erarbeiten auf der Basis von Beispielen Bildungs- und Gebrauchsregeln. Diese Übungen schließen sich idealerweise an vorangegangene *noticing*-Übungen an, können aber auch ohne diese durchgeführt werden.

Refreshing

Diese Übungen dienen dazu, den Schülern eine grammatische Struktur ins Gedächtnis zu rufen.

Practice

Die Schüler trainieren den Umgang mit der grammatischen Struktur. Die Übungen setzen voraus, dass die Schüler mit der grammatischen Struktur vertraut sind.

Level

Der Band unterscheidet drei Schwierigkeitslevels, in die die Übungen eingeordnet werden. Level 1 sind einsteigende Übungen, die sich direkt an die Erarbeitung der Regeln anschließen und deren Festigung forcieren. Sind die Schüler mit den Bildungs- und Gebrauchsregeln der Grammatik recht gut vertraut, bieten die mittelschweren Übungen auf Level 2 eine Möglichkeit, den sicheren Umgang mit der grammatischen Struktur durch ihren kommunikativen Gebrauch zu festigen. Werden die Bildungs- und Gebrauchsregeln sicher beherrscht, stellen die Übungen auf Level 3 eine motivierende Herausforderung für die Schüler dar.

Zeitangabe

Die Zeitangabe stellt eine Orientierung für die Lehrkraft dar, wieviel Zeit eine Übung mit einer Schülergruppe mittleren Leistungsniveaus ungefähr in Anspruch nimmt. Die Einschätzung beruht auf den im Lehrerkommentar ausgeführten Übungsbeschreibungen. Varianten, wie sie beispielsweise unter den jeweiligen Tipps zu finden sind, verändern den zeitlichen Umfang der Übungen.

Tipps

Hier findet die Lehrkraft Anregungen zur Erweiterung oder Veränderung von Übungen und hilfreiche organisatorische Hinweise zur Durchführung der Übungen.

Differenzierung

In den Tipps werden Anregungen zum differenzierten Einsatz der Übungen gegeben. Es werden je nach Übung verschiedene Möglichkeiten der Differenzierung berücksichtigt, sodass ein unkomplizierter und unaufgeregter differenzierter Unterricht erfolgen kann.

Organisatorische Tipps

Verdeutlichung von Erwartungen

Kommunikative Übungen sind vielfach offen angelegt. Den Schülern sollten Ablauf und Erwartungen der Übungen im Plenum anhand der im Lehrerkommentar oder auf den Kopiervorlagen zur Verfügung gestellten Beispiele aufgezeigt werden.

Übungen wiederholen

Viele Übungen können wiederholt werden, wenn Sie merken, dass Ihre Schüler Freude an ihr entwickelt haben.

Umgang mit Karten

- Es bietet sich an, dickeres Kopierpapier zu verwenden.
- Laminieren Sie die Karten, um sie wiederverwenden zu können.
- Wenn die Schüler in einer Übung mit verschiedenen Kartensätzen arbeiten, können die Karten auf verschiedenfarbiges Papier kopiert werden. Eine andere Möglichkeit, die Kartensätze zu unterscheiden, besteht in der Markierung der Karten auf der Rückseite, beispielsweise durch Symbole oder Schriftzeichen.
- Sie sparen etwas Zeit in den Stunden, wenn Sie die Kartensätze vorab ausschneiden und für die Schüler vorbereiten.

Downloadmaterialien

Einige Materialien können (an die Wand projiziert) im Plenum genutzt werden. In der Marginalie finden sie einen Hinweis (Icon) *„Online link"* und den entsprechenden Code. Geben Sie bitte den angegebenen Code in das Suchfeld auf www.klett-sprachen.de ein. Sie gelangen dann zu einer Internetseite mit weiteren Materialien zu dieser Lehrerhandreichung.

Abkürzungen und Symbole

KV	Kopiervorlage
	geschätzte Dauer der Übung
	Online link

Past simple and progressive

KV 1 | 15–20 min

Practicing – Level 2

Bus stop

1. Past days – Fragen und Aussagesätze im *simple past*

Die Schüler verwenden das *simple past*, um in Interviews Fragen über Aktivitäten in der Vergangenheit zu stellen bzw. zu beantworten.

Jeder Schüler erhält KV 1. In **Task 1** wählen die Schüler ihr Interviewthema aus und formulieren in Stillarbeit vier Fragen im *simple past*. Die Hilfen auf der KV können sie nutzen, sie sollen aber auch eigene Ideen einbringen.
Über den *bus stop* finden sich in **Task 2** fortlaufend neue Paare. Die Partner interviewen sich gegenseitig und fertigen auf der KV Notizen über die Antworten ihrer Partner an. Jeder Schüler sollte mindestens zwei Mitschüler befragen.
Abschließend stellen die Schüler die Antworten eines Mitschülers im Plenum vor.

Tipps

- Je nach Leistungsstand der Klasse sollten vor der Übung die Bildungsregeln zu Fragen im *simple past* wiederholt werden – Fragen mit Fragewort und *did (e.g. What did you eat?)*; Entscheidungsfragen mit *did/was/were (e.g. Did you buy any shoes?)*.
- Sollten Ihre Schüler die indirekte Rede noch nicht beherrschen, kann die Vorstellung der Aussagen der Mitschüler in der Abschlussphase unter Vermeidung von Einleitewörtern ohne *backshift* erfolgen.

Differenzierung

- In schwächeren Klassen können im Plenum verschiedene Fragen zu den Themen gesammelt werden.
- In Task 2 befragen schnellere Schüler weitere Mitschüler (ohne Notizen anzufertigen, sobald die KV gefüllt ist).

KV 2 + 3 | 25–30 min

Practicing – Level 3

Group work

2. What were you doing? – Aussagesätze, Fragen und Kurzantworten im *past progressive*

Die Schüler verwenden das *past progressive*, um ein Gespräch über eine Handlung zu führen, die zu einem bestimmten Zeitpunkt in der Vergangenheit ablief.

Die **Hinführung** zur Übung erfolgt über das Beispiel auf KV 2, das im Plenum z. B. mit verteilten Rollen gelesen wird. Die Lehrkraft stellt die Frage, welche Zeitform hier genutzt wird *(past progressive)* und warum sie in diesem Gespräch zu verwenden ist (Gesprächsgegenstand ist eine zu einem bestimmten, im Kontext bekannten Zeitpunkt in der Vergangenheit ablaufende Handlung). Damit sind den Schülern Form und Funktion des *past progressive* in Erinnerung gerufen und ihnen liegt ein Muster für die folgende Kommunikation vor.

Die Klasse wird in Vierer- bis Fünfergruppen aufgeteilt und jede Gruppe erhält KV 3, aus der sie die beiden Kartensätze *(time cards & activity cards)* ausschneiden, diese separat mischen und als zwei getrennte Stapel in die Tischmitte legen. Die Lehrkraft erläutert mit Rückgriff auf das Beispiel auf KV 2 das Vorgehen:
Phase 1: Der größte Schüler beginnt, zieht die oberste *time card (e.g. at 2 a.m last night)* und richtet im *past progressive* eine entsprechende Frage an einen Mitschüler aus der Gruppe *(e.g. ..., what were you doing at 2 a.m. last night?)*. Der angesprochene Schüler zieht in **Phase 2** für seine Antwort eine *activity card* und bildet einen entsprechenden Satz im *past progressive (e.g. At 2 a.m. last night I was reading a comic book.)*. In **Phase 3** stellen die Gruppenmitglieder in einem offenen Gespräch an den angesprochenen Schüler Ergänzungsfragen mit verschiedenen Fragepronomen *(e.g. What were you reading? Why were you reading? etc)*. Fällt niemandem mehr eine Frage ein, stellt der Startschüler aus Phase 1 dem befragten Mitschüler in **Phase 4** eine abschließende Entscheidungsfrage *(e.g. Were you really reading a comic book at 2am last night?)*, auf die dieser mit einer Kurzantwort und ggf. einer Korrektur antwortet *(e.g. Yes, I was. / No, I wasn't. At 2 a.m. last night I was sleeping.)*.
Der nächstgrößte Schüler zieht eine neue *time card* und es beginnt eine weitere Runde, in der die 4 Phasen wiederholt werden. Die Übung endet frühestens, wenn jeder Schüler mindestens einmal zu seiner Aktivität befragt wurde.
Abschließend kann die Übung im Plenum wiederholt werden.

Tipps

- Der Beispieldialog kann den Schülern als Kopie ausgeteilt oder als Projektion dauerhaft während der Übung sichtbar gemacht werden.
- In leistungsschwachen Klassen können die Phasen 3 und 4 weggelassen werden. Stattdessen fragt der ziehende Schüler aus Phase 1 alle Gruppenmitglieder nacheinander, was sie zur entsprechenden Zeit gemacht haben.
  Die Aktivitäten werden anschließend wieder unter den Stapel gemischt.
- Die Übung kann auch in Partnerarbeit erledigt werden, ggf. ohne die Schritte 3 und 4.

vrhbeph

Past days

Task 1: *Read the dialogue below. Then choose a topic from the list for your interview and write down four questions in the table. Use different question words/auxiliaries (what, when, where, why, who(m), how, do, be).*

Hi Carl. How are you? I would like to ask you some questions about your last holiday.

Hi Claire. I'm fine, thanks. Of course you may ask me some questions. Go ahead.

Alright. So when was your last holiday and where did you go?

I went to England last year.

last holiday | last time you went shopping | last Easter | last day trip | last party

go | see | meet | talk to | eat | drink | buy | play | do | try | wear | listen to | (not) like | (not) enjoy

Task 2: *Find different partners and take notes on their answers in the table. Then answer their questions.*

Questions	Classmate:	Classmate:
1.		
2.		
3.		
4.		

ISBN 978-3-12-505706-7

What were you doing? – A conversation

Task: *Read the conversation. Decide which tense is used and explain why it has to be used here.*

ELLEN: Alex, what were you doing at 2 a.m. last night?

ALEX: At 2 a.m. last night I was reading a comic book.

ROBIN: Why were you reading a comic book at that time?

ALEX: I was reading the comic book because I couldn't sleep.

CATE: What comic book were you reading?

ALEX: I was reading "Asterix in America".

ELLEN: Where were you reading?

ALEX: I was reading it in my bed.

CATE: Who else was there while you were reading?

ALEX: No one was there while I was reading the comic book.

ELLEN: Alex, were you really reading a comic book at 2 a.m. last night?

ALEX: No, I wasn't. At 2 a.m. last night I was sleeping.

ISBN 978-3-12-505706-0

KV 2

What were you doing? – A conversation

Task: *Read the conversation. Decide which tense is used and explain why it has to be used here.*

ELLEN: Alex, what were you doing at 2 a.m. last night?

ALEX: At 2 a.m. last night I was reading a comic book.

ROBIN: Why were you reading a comic book at that time?

ALEX: I was reading the comic book because I couldn't sleep.

CATE: What comic book were you reading?

ALEX: I was reading "Asterix in America".

ELLEN: Where were you reading?

ALEX: I was reading it in my bed.

CATE: Who else was there while you were reading?

ALEX: No one was there while I was reading the comic book.

ELLEN: Alex, were you really reading a comic book at 2 a.m. last night?

ALEX: No, I wasn't. At 2 a.m. last night I was sleeping.

ISBN 978-3-12-505706-7

What were you doing? – Cards

Time cards

at 5 p.m. last Tuesday	at 10.45 p.m. last night
at 6 a.m. last Sunday	at 10 a.m. last Thursday
at 9.30 p.m. last Friday	at 7.15 a.m. yesterday
at 11 p.m. last Saturday	at 4 p.m. yesterday

Activity cards

play the violin	eat a hamburger
dance with my mother	catch a rabbit
watch a movie	listen to music
swim with dolphins	ride a cow

ISBN 978-3-12-505706-7
Klett

Present Perfect simple and progressive

1. Are we well prepared? – Vorbereitungen besprechen

25–35 min | KV 4

Practicing – Level 2

Bus stop

Die Schüler verwenden das *present perfect* in Aussagesätzen, Entscheidungsfragen und Kurzantworten, um Vorbereitungen für eine gemeinsame Aktivität zu besprechen.

In der Einführungsphase beschreibt die Lehrkraft den Schülern das kommunikative Szenario der Übung: *Imagine you are planning an activity together with your friend. A few days ago you talked about what you would like to do, and now you want to check if you have prepared everything for your activity.*
Szenario und Vorgehen werden anhand des Beispiels verdeutlicht, das den Schülern mit KV 4 ausgehändigt wird.
Die Lehrkraft gibt die geplante Aktivität der **ersten Runde** vor *„You want to throw a party on Saturday."* und die Schüler notieren sich vier Dinge in ihre Hefte, die dazu vorbereitet sein müssen. Die Hilfen und Ideen auf KV 4 können sie nutzen, sie sollen aber auch eigene Ideen einbringen. Am *bus stop* bilden sich Paare, die dem Beispiel auf der KV folgend in einem Gespräch durch Fragen und Kurzantworten festlegen, ob für die geplante Aktivität alles vorbereitet ist.
Dieses Vorgehen wird in der **zweiten Runde** *(You want to travel to London.)* und **dritten Runde** *(You want to go to the cinema.)* wiederholt.
Abschließend spielen neu gebildete Paare die Szenarien im Plenum vor.

Tipps

- In leistungsstärkeren Klassen, die den sprachlichen Input nicht mehr brauchen, genügt es, wenn das Beispiel auf KV 4 in der Einführungsphase als Projektion präsentiert wird.
- In leistungsstarken Klassen kann die schriftliche Vorarbeit entfallen, sodass spontane Gespräche erfolgen.

vrhbeph

Differenzierung

- Jeder Schüler sollte jede Runde mindestens einmal durchlaufen haben. Schnellere Schüler begeben sich wieder an den *bus stop*, um die Übung mit einem weiteren Partner zu wiederholen.

2. How long have you been doing this? – Sich über andauernde Handlungen austauschen

25–30 min | KV 5

Practicing – Level 3

Double circle
3-step interview

Die Schüler verwenden das *present perfect progressive* mit *how long, since* und *for*, um sich über Handlungen auszutauschen, die sie seit einiger Zeit ausführen.

Die Lehrkraft führt mit einem Beispiel aus dem eigenen Leben, das den Schülern als erste Orientierung dient, zur Übung hin *(e.g. I'm a teacher. I have been teaching for … years. I have been working at this school since … || In my free time I listen to … . I have been listening to … for … years. I also play … I have been playing … since I was …).*
Die Lehrkraft teilt den Schülern anschließend die kommunikative Situation mit: *„You would like to get to know your classmates better so you are going to ask each other about activities you have been doing for a period of time."*

Jeder Schüler erhält KV 5 und im Plenum werden Aufgabe, Beispiel und Hilfen gesichtet. Die Klasse wird in zwei Gruppen geteilt, eine Gruppe bildet den Innenkreis, die andere den Außenkreis, sodass sich immer zwei Schüler gegenüberstehen und ein Paar bilden.
In **Phase 1** interviewen sich die Schüler gegenseitig über Handlungen, denen sie seit einiger Zeit (bis in die Gegenwart hinein) nachgehen. Sie stellen sich gegenseitig Fragen, äußern ihre Meinung zu den Informationen und verwenden dabei das *present perfect progressive*. Sie fertigen über die Antworten ihres Partners Notizen an. Jeder Partner sollte dabei mindestens zwei Aktivitäten nennen. Nach ca. drei Minuten werden die beiden Kreise gedreht, sodass neue Paare entstehen. Die Übung wird nach diesem Vorgehen zweimal wiederholt. Halten Sie die Schüler dazu an, dabei nicht jedes Mal dieselben Aktivitäten zu besprechen, sondern auch neue Handlungen einzubringen.
Für **Phase 2** werden die Kreise erneut gedreht. Die Schüler stellen sich nun gegenseitig die Antworten ihrer Partner aus Phase 1 vor.
Abschließend stellen verschiedene Schüler im Plenum je einen ihrer Gesprächspartner aus Phase 1 vor.

Tipps

- Bei ungerader Schülerzahl wird die Lehrkraft Teil eines Kreises.
- Sollten Ihre Schüler die indirekte Rede noch nicht beherrschen, kann die Vorstellung der Aussagen der Mitschüler unter Vermeidung von Einleitewörtern ohne *backshift* erfolgen.

Differenzierung

- Stärkere Schüler können weitere Zeitformen hinzunehmen, beispielsweise das *simple past*, um bestimmte Ereignisse (z. B. Preise, Konzerte, etc.) zu beschreiben, oder das *going to future*, um über weitere Pläne bezüglich einer Aktivität zu sprechen. Wird dieses Vorgehen für die gesamte Klasse vorgesehen, sollte den Schülern mit ihren Partnern mehr Gesprächszeit eingeräumt werden.
- In schwächeren Klassen können die Schüler als Entlastung vor der kommunikativen Phase in Stillarbeit Notizen über ihre Aktivitäten anfertigen. Möchten Sie diese Differenzierung den Schülern frei stellen, eignet sich alternativ zum *double circle* die *bus stop* Methode zur Bildung von Paaren. Schnellere Schüler, die ohne Notizen die Gespräche führen, können sich in diesem Fall mit mehr als drei Mitschülern austauschen (ohne dabei über mehr als drei Partner Notizen anzufertigen), damit auch die langsameren Schüler, die mit schriftlicher Grundlage in die Gespräche gehen wollen, ein bis zwei Mitschüler befragen können.

Are we well prepared?

Situation

You are planning an activity together with your friend. A few days ago you talked about what you had to prepare, and now you are checking if you have prepared everything for your activity. Use the present perfect for your ideas, questions and short answers! Read the example dialogue below.

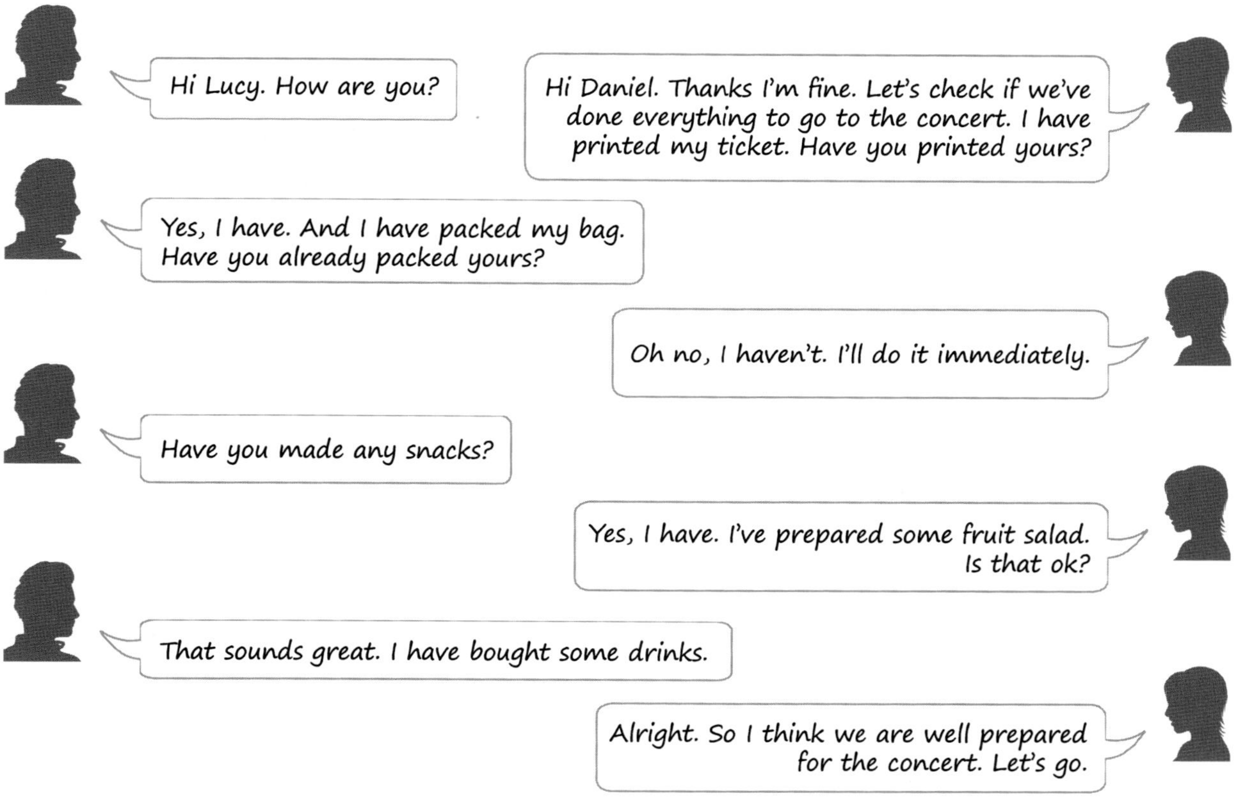

That sounds great/fantastic/amazing! | That's a great idea! | That doesn't sound very interesting. | That sounds boring. | I don't like this idea. | Do you like … ? | What do you think about … ?

- *You want to throw a party on Saturday.*

invite some friends | write a guest list | buy/make drinks/food/snacks | talk to the DJ about music | organise some games | think about decoration | think about a theme

- *You want to travel to London.*

buy a plane ticket | write down hotel address | look up some sights | change money | buy an adapter | pack a travel guide | buy a travel dictionary | write down addresses for post cards | make snacks

- *You want to go to the cinema.*

buy a ticket | check the running time | look up the times for the bus | withdraw money | choose outfit | think about snacks | ask other friends to join | pack your 3D glasses

ISBN 978-3-12-505706-7

How long have you been doing this?

Situation

You talk to different classmates about activities they have been doing for some time to get to know each other better. Use the present perfect progressive with "how long", "for" and "since".

Hi Emma. How are you? I would like to get to know you better so I thought we could talk about what we have been doing.

Hi Robin. Thanks, I'm fine. Alright, let's start. So what have you been doing?

Well, I have been playing the guitar for six years.

That's a great hobby.

What about you? What have you been doing?

I have been studying Chinese.

That sounds interesting. How long have you been doing it?

I have been studying Chinese since I was eleven. What else have you been doing?

That sounds interesting/great/fantastic/amazing. | That doesn't sound very interesting. | That sounds boring. | Tell me more about it. | Why have you been doing this? | Is it hard/easy/fun to do?

learn | study | go to | play | watch | use | read | listen to | wear | work | draw | write | travel | dance | ride | sing

Notes on your classmates' activities (What; how long; other information, e.g. reasons / fun factor / effort)

Classmate:	Classmate:	Classmate:

ISBN 978-3-12-505706-7

Past Perfect

1. Blackout Bingo – Aussagesätze bilden

20–25 min | KV 6+7

Practicing – Level 1

Group work

vrhbeph

Die Schüler üben sich in der Bildung von Aussagesätzen im *past perfect* zur Mitteilung von gesuchten Informationen.

Die Klasse wird in Dreier- bis Vierergruppen aufgeteilt und jede Gruppe erhält KV 6 und 7. Die *clause cards* werden ausgeschnitten, gemischt und in die Tischmitte gelegt. Jeder Schüler erhält von KV 7 eine Bingokarte mit je sechs Bingofeldern. Aufgabe und Beispiel auf KV 6 werden im Plenum besprochen, damit allen Schülern das Vorgehen klar wird.
Der jüngste Schüler beginnt und zieht eine *clause card*. Mit den vorgegebenen Elementen ergänzt er die Frage (im *simple past) „What had happened before …" (e.g. What had happened before Harry Potter went to Hogwarts?).* Die Mitspieler schauen, ob sie auf ihren Bingokarten ein passendes Feld haben. Trifft dies zu, rufen sie *„I've got it."* und bilden einen entsprechenden Satz *(e.g. Before Harry Potter went to Hogwarts, he had met Hagrid.).* Stimmen alle der Antwort zu, streichen alle, die die passende Information *(meet Hagrid)* auf ihrer Bingokarte haben, dieses Feld durch.
Der nächste Schüler zieht eine neue *clause card* und eine weitere Runde beginnt.
Das Spiel endet, wenn ein Schüler alle Felder auf seiner Bingokarte durchgestrichen hat *(Blackout Bingo)* und *Bingo!* ruft.
Die Übung kann abschließend im Plenum mit frei gewählten Sätzen (ohne Bingokarten) wiederholt werden.

Tipps
- Sollten die Schüler nur über geringe Märchenkenntnisse verfügen, kann ihnen die Lösung aus dem Lehrerkommentar als Kontrollblatt ausgeteilt werden.
- Bereitet die Übung den Schülern Freude, können die *clause cards* für eine weitere Runde neu gemischt werden. Halten Sie in diesem Fall einen zweiten Satz Bingokarten für die Schüler bereit.

Differenzierung
- Stärkere Schüler können neben *before* auch *after* verwenden und ihre Antworten umstellen (*e.g. After Harry Potter had met Hagrid, he went to Hogwarts.*).

Lösung
Before **Snow White fell asleep**, she had eaten an apple.
Before **Cinderella met the Prince**, she had lost a shoe.
Before **Hansel and Gretel saw the witch**, they walked through the forest.
Before **the wolf ate Red Riding Hood**, it had eaten the grandmother.
Before **the wolf attacked the young goats**, it had knocked on the door.
Before **the prince climbed into the tower**, Rapunzel had lowered her hair.
Before **Wendy came to Neverland**, she had met Peter Pan.
Before **the mother knew Rumpelstiltskin's name**, he had danced and sung around the fire.
Before **the princess married the prince**, she had slept on a pea.
Before **Puss in Boots walked around**, he had got a pair of boots.
Before **the Little Tailor fought against giants**, he had killed seven flies.
Before **Pinocchio's nose grew**, he had told a lie.

KV 8+9 · 35–40 min

Practicing – Level 3

Bus stop

Cultural studies

2. Travel experiences – Erfahrungen austauschen

Die Schüler verwenden das *past perfect*, um die Chronologie einer Städtereise zu verdeutlichen und sich über gesammelte Erfahrungen auszutauschen.

Eine Hälfte der Klasse erhält KV 8 (London), die andere Hälfte erhält KV 9 (New York). Im Plenum werden Szenario und Aufgaben anhand des Beispiels auf den KV besprochen.
In Einzelarbeit entwerfen die Schüler in ihre Hefte anhand der Informationen auf der KV in **Task 1** in Stichpunkten ein Reisetagebuch.
Über den *bus stop* finden sich in **Task 2** fortlaufend wechselnde Paare und die Schüler führen anhand ihrer Notizen Gespräche über die Erfahrungen, die sie auf ihrer Reise gesammelt haben. Sie bilden nach eigenem Ermessen an mindestens vier Stellen Sätze im *past perfect*. Mit *after* ordnen sie ihre Erlebnisse in deren Chronologie und mit *before* können sie ihren Partnern gleich mitteilen, ob sie bestimmte Erfahrungen schon zuvor gemacht hatten. Die Partner andererseits unterbrechen die Reiseberichte und fragen (an ihnen als geeignet erscheinenden Stellen) nach, ob der berichtende Partner bestimmte Erfahrungen schon vor seiner Reise gemacht hatte. Für die Fragen und Antworten verwenden die Schüler jeweils das *past perfect*. Achtung: Bei Erläuterungen zu positiven Antworten werden Zeitangaben ebenfalls mit *before* ergänzt und nicht mit *ago* (*e.g. Yes I had. I had seen a shark in a zoo in Frankfurt a few years before.*).
Hat sich jeder Schüler mit mindestens einem Mitschüler ausgetauscht, wird die Übung abschließend von einem Paar im Plenum wiederholt.

Tipps

- In leistungsstärkeren Klassen kann die schriftliche Vorbereitung in Task 1 entfallen, sodass in Task 2 ein völlig spontanes Gespräch erfolgt.

Differenzierung

- Je nach Leistungsstärke kann für einzelne Schülerpaare oder für die gesamte Klasse eine Erweiterung der Übung erfolgen, in der sie sich über tatsächlich gemachte Reiseerfahrungen austauschen.

Blackout Bingo – Clause cards

Task: *One after another take a clause card and make a question with "What had happened before … ". Everybody looks for the matching field on their Bingo cards. If you have it on your card, say "I've got it!" and make a sentence. If it is correct, everybody who has this field ticks it. When you have ticked all the fields on your Bingo card, you have a Blackout Bingo and quickly shout "Bingo!".*

→ clause card	– Harry Potter – **go** to Hogwarts	→ bingo card field	**meet** Hagrid

A: What had happened before – Harry Potter went to Hogwarts?
B: I've got it! Before Harry Potter went to Hogwarts, – he had met Hagrid.

– Snow White – **fall** asleep	– Cinderella – **meet** the prince	– Hansel & Gretel – **see** the witch
– wolf – **eat** Red Riding Hood	– wolf – **attack** the young goats	– prince – **climb** into the tower
– Wendy – **come** to Neverland	– the mother – **know** Rumpelstiltskin's name	– the princess – **marry** the prince
– Puss in Boots – **walk** around	– the Little Tailor – **fight** against giants	– Pinocchio's nose – **grow**

ISBN 978-3-12-505706-7

Blackout Bingo – Bingo cards

eat an apple	**lose** a shoe	**kill** seven flies
eat the grandmother	**tell** a lie	– Rapunzel – **lower** her hair
meet Peter Pan	**dance and sing** around the fire	**sleep** on a pea
eat an apple	**kill** seven flies	**tell** a lie
knock on the door	**tell** a lie	**eat** an apple
dance and sing around the fire	**get** a pair of boots	– Rapunzel – **lower** her hair
– Rapunzel – **lower** her hair	**knock** on the door	**lose** a shoe
dance and sing around the fire	**walk** through the forest	**sleep** on a pea

ISBN 978-3-12-505706-7

Travel experiences – My trip to London

Situation

Last summer you spent three days in London, and now you're going to tell your classmate about it.

Task 1: *Write a travel diary (notes) with two activities for each of the three days. You can use the information on this page but you can also write down your own ideas.*

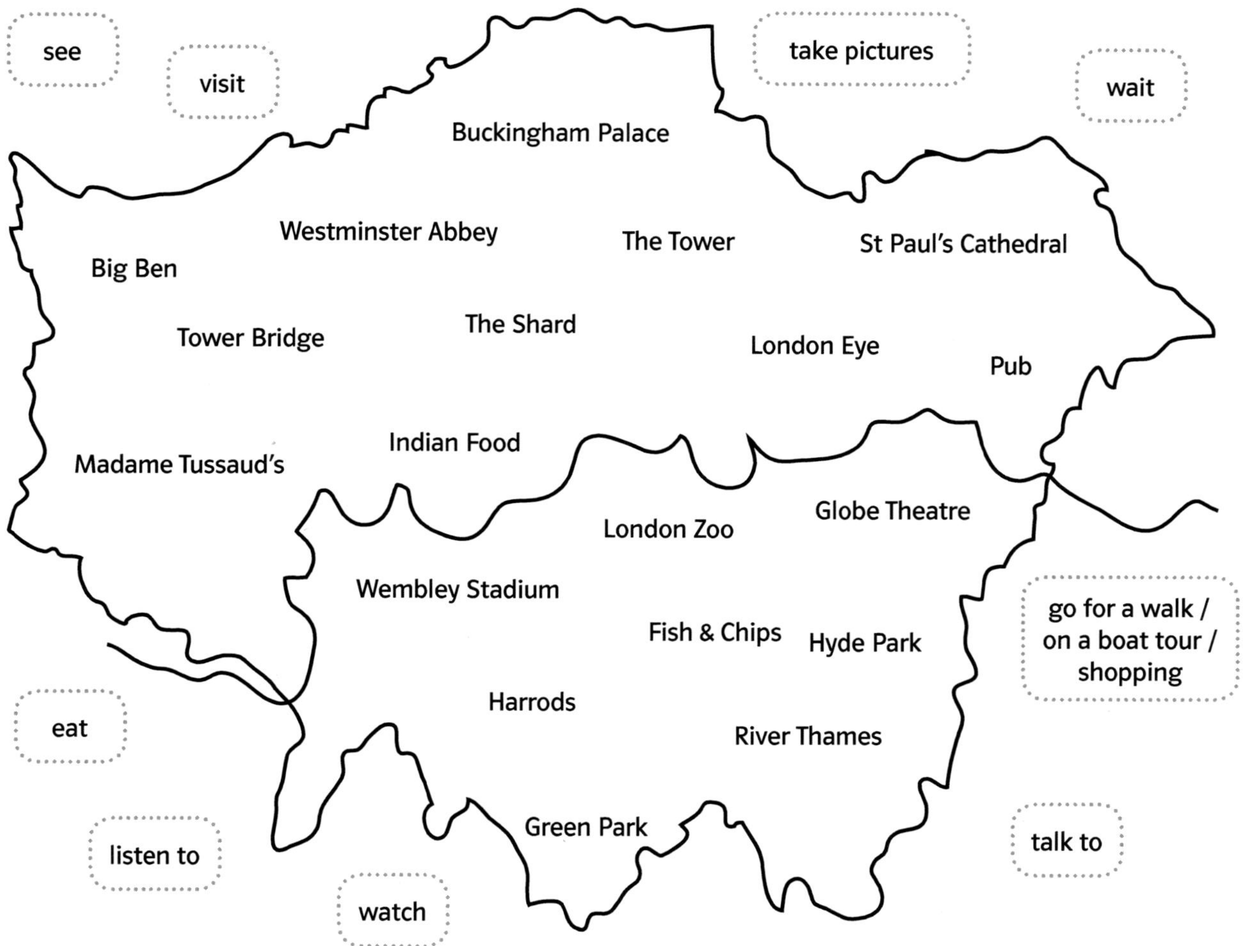

Task 2: *Find a partner and tell him or her about your trip to London. Your partner may ask you questions. Use the* ***past perfect*** *four times at least. "****After****" and "****before****" help you to express the chronology of your activities. Also listen to your partner's trip and look for good moments to ask him some questions in the past perfect. Read the example before you start.*

Example from a dialogue about a trip to Sydney

A: On my first day in Sydney I saw Sydney Opera House. I **had never seen** it **before. After** I **had taken** some photos, I went to the beach and I saw a shark.
B: Wow, a real shark. **Had you ever seen** a shark **before?**
A: Yes, I **had.** I **had seen** a shark in a zoo in Frankfurt a few years **before**.
B: Alright. So what did you do after you **had been** at the beach?

ISBN 978-3-12-505706-7

Travel experiences – My trip to New York City

Situation

Imagine you travelled to New York for three days last summer and you talk about this trip to your classmate.

Task 1: *Write a travel diary (notes) with two activities for each of the three days. You can use the information on this page but you can also write down your own ideas.*

go for a walk / on a boat tour / shopping

talk to

listen to

wait

visit

eat

take pictures

watch

see

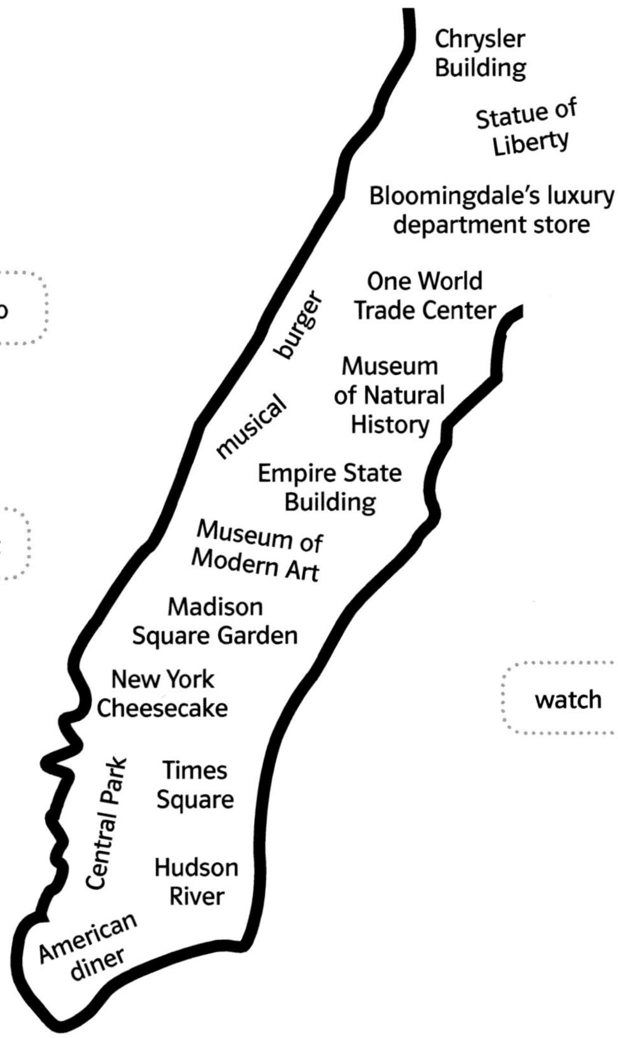

Task 2: *Find a partner and tell him or her about your trip to New York Ciity. Your partner may ask you questions. Use the **past perfect** four times at least. "**After**" and "**before**" help you to express the chronology of your activities. Also listen to your partner's trip and look for good moments to ask him some questions in the past perfect. Read the example before you start.*

Example from a dialogue about a trip to Sydney

A: On my first day in Sydney I saw Sydney Opera House. **I had never seen** it **before. After** I **had taken** some photos, I went to the beach and I saw a shark.
B: Wow, a real shark. **Had** you **ever seen** a shark **before?**
A: Yes, I **had.** I **had seen** a shark in a zoo in Frankfurt a few years **before.**
B: Alright. So what did you do **after** you **had been** at the beach?

ISBN 978-3-12-505706-7

Future

1. Plans – Zukunftspläne austauschen und kommentieren

20–25 min

Practicing – Level 2

Milling around

Die Schüler führen unter Verwendung des *going to-* und des *will-future* ein Gespräch über ihre Zukunftspläne.

Die Lehrkraft eröffnet die Übung, indem sie von ihren Wochenendplänen berichtet *(going to-future)*, z. B. „*Next weekend I'm going to watch a movie in the cinema on Saturday evening. On Sunday I'm going to visit my sister and we are going to have a fantastic barbecue in her garden. In the evening I'm going to read a new book.*" Daran anschließend fragt sie einen Schüler nach seinen Plänen: „*What are you going to do this weekend? Do you have any plans?*" Die Lehrkraft reagiert mit weiteren Fragen auf die Antworten des Schülers *(e.g. I'm going to visit the zoo. – Why are you going to go to the zoo? / How are you going to get there? / What are you going to do there? / How long are you going to stay there? / What else are you going to do?)*. Die Lehrkraft äußert zudem *(will-future)* ihre Meinung über einzelne Aussagen *(e.g. I think you will love the elephants because they are very clever. / I'm sure you will eat ice cream, too. It's fantastic.)*. So entsteht ein Gespräch über die Wochenendpläne des Schülers.

Nachdem den Schülern in der Eröffnungsphase Vorgehen und Erwartungen musterhaft aufgezeigt wurden, suchen sie sich auf dem Forum wechselnd neue Partner, um mit ihnen ein Gespräch über ihre Wochenendpläne zu führen.

Nach ca. 10–15 Minuten stellt ein oder mehrere Schüler die Pläne eines Mitschülers, an die er sich erinnern kann, vor *(e.g. I talked to Daniel and he is going to visit the zoo on Saturday. He is going to stay the whole day and he is going to feed the penguins because they are his favourite animals. In the evening he is going to play the guitar at a friend's party.)*.

Tipp

Differenzierung

- Je nach Leistungsstand der Klasse kann die Lehrkraft einzelne Fragen bzw. Frageanfänge an der Tafel festhalten *(e.g. What are you going to do this weekend? / Do you have any plans? / Why/How/How long are you going to …? / I'm sure / I think you will/won't love/enjoy/like … because …)*.

2. What are we going to do with the money? – Über die Verwendung eines Preises diskutieren

30–40 min

KV 10

Practicing – Level 3

Group work (jigsaw)

Die Schüler verwenden das *going to-future*, um über den Einsatz eines Preisgewinnes zu sprechen.

Die Klasse wird in Stammgruppen á vier bis fünf Schüler aufgeteilt und die Lehrkraft führt die Situation ein: „*Imagine you won 3000 Euros in a writing competition. However, you can't divide the money between you. You have to spend the money on the class or on the school. Discuss in your groups what you want to do with the money.*"

Jeder Schüler erhält KV 10 und die Schüler diskutieren in **Task 1**, worin sie ihren Gewinn investieren möchten. Neben der Verwendung des *going to-future* zur endgültigen Fixierung ihrer Pläne üben die Schüler, Vorschläge zu machen und Vorlieben auszudrücken, bei deren Begründung sie das *will-future* nutzen.

Nach ca. 10–15 Minuten bilden Sie für **Task 2** neue Gruppen. Dabei ist in jeder neuen Gruppe ein Vertreter (je nach Klassenstärke auch 2) aus den Stammgruppen vertreten. Die Gruppenmitglieder berichten einander im *going to future* über die geplanten Investitionen und tauschen ihre Meinungen darüber aus, ggf. unter Verwendung des *will-future*, wenn sie ihre Meinungen begründen.
Abschließend stellen die Stammgruppen ihre Pläne im Plenum vor und diese werden diskutiert.

Tipp

- Je nach Leistungsstand der Klasse sollten Gebrauchs- und Bildungsweisen des *going to* und des *will-future* im Vorfeld wiederholt werden.

What are we going to do with the money?

Situation

You won 3000 € in a writing competition for your class/school and now you have to decide what to do with the money.

Task 1: *Decide what you want to spend the money on, e.g. a class activity, the schoolyard/school building, equipment, a school festival. Then discuss your specific ideas about what you would like to do with the money. It is important to tell the others why you (don't) like their ideas (using the* ***will-future****). Take notes in your exercise book about your final plans (using the* ***going to-future****).*

Example *(The group is going to spend the money on school equipment)*

ALEX: I would like to buy some longboards for the break times. What do you think about that?

BRIDGET: I like the idea. A lot of pupils **will have** more fun at break times.

CARL: Well, maybe. But there **will** also **be** some accidents. Skating can be quite dangerous.

DARRON: That's true. However, I think pupils have to learn how to ride their skateboards in a responsible way.

BRIDGET: Alright. Well, most of us like the idea. So we **are going to** buy longboards for the break times.

Task 2: *Talk about your plans with members of other groups and tell them what you (don't) like about their plans. Use the going to-future (for plans) and the will-future (for opinions).*

ISBN 978-3-12-505706-7

Modals

20–25 min | KV 11+12

Practicing – Level 1

Group work

1. What should(n't) I do? – Ratschläge erteilen

Die Schüler erteilen (ihren Mitschülern) Ratschläge zur Problembehebung unter Verwendung von *should/shouldn't*.

Als Einstieg in die Übung teilt die Lehrkraft den Schülern ein Problem mit *(e.g. I had a fight with Ellen, my best friend.)* und fragt die Schüler, was sie tun könnte, um das Problem zu beheben *(Do you have any ideas what I should do?)*. Im Plenum artikulieren die Schüler unter Verwendung von *should* Ratschläge, um das Problem zu lösen *(e.g. You should talk to Ellen. / You should apologize to her. / You should buy her some chocolate. / You shouldn't be angry with her.)*. Die Lehrkraft reagiert dankend auf jeden der Ratschläge *(e.g. Thank you for your advice. Any other ideas? / That sounds good, thank you. / That's a good idea.)* und schließt die Konversation, wenn keine Ratschläge mehr angeboten werden *(e.g. Thanks a lot for your help. I hope Ellen and I will get on again.)*.
Die Schüler kommen in Dreier- bis Vierergruppen zusammen und erhalten KV 11, aus der sie die Karten ausschneiden, mischen und verdeckt in der Tischmitte verteilen. Die Lehrkraft teilt den Schülern die kommunikative Situation mit: *„Imagine, you have a problem and you need the advice of your friends. Talk about this problem in your group."*
Der größte Schüler beginnt, zieht eine Karte, teilt seinen Mitschülern sein „Problem" mit und bittet sie um Ratschläge. Analog der Einstiegsphase folgt ein Gespräch mit dem Ziel, das Problem zu lösen. Ist dies beendet, geht es im Uhrzeigersinn weiter. Die Übung endet nach ca. 10–15 Minuten.
Die Übung kann abschließend im Plenum wiederholt werden. Ein Schüler nennt ein Problem, die Klasse erteilt Ratschläge.

Tipp

Differenzierung

vrhbeph

- Um die Gesprächsführung zu unterstützen, können während der Einstiegsphase einige Phrasen und Beispielsätze an der Tafel festgehalten werden *(e.g. I think … / In my opinion you should …, That sounds good. / That's a great idea. Any more ideas?)*. Alternativ können Sie online auf ein Beispielgespräch (KV 12) zugreifen, das Sie in der Klasse projizieren oder verteilen können. Sollten sich die Schüler auf fortgeschrittenerem Niveau bewegen, genügt es, während des Einstiegs die Problemnennung, die Frage und einen positiven sowie einen negativen Ratschlag an der Tafel festzuhalten.

20–25 min | KV 13

Practicing – Level 2

Group work

2. Life in the future – Die Zukunft beschreiben

Die Schüler verwenden verschiedene Modalverben, um Vermutungen über das Leben in der Zukunft auszutauschen.

Die Lehrkraft erläutert im Plenum das Vorhaben: Die Schüler diskutieren in wechselnden Gruppen verschiedene Lebensbereiche in der Zukunft und nutzen dabei verschiedene Modalverben.

Die Schüler erhalten KV 13 und fertigen in **Task 1** Notizen zur Bildung in der Zukunft an. Neben den angegebenen Hilfen sollen sie eigene Ideen einbringen. Sie berücksichtigen dabei die verschiedenen semantischen Bereiche *(ability, obligation/prohibition, necessity)*.
Nun kommen die Schüler für **Task 2** in Vierer- bis Fünfergruppen zusammen und tauschen sich für vier bis fünf Minuten über das erste Thema *(education)* aus. Sie decken dabei nacheinander die verschiedenen semantischen Bereiche ab und verwenden die entsprechenden *modals (e.g. In the future students will be able to use tablets for school. In the future students will be allowed to learn at home and they won't have to go to school. Students will need to study IT in more detail than today.)*.
Die KV bietet den Schülern Stichwörter als Anregung.
Nach ca. fünf Minuten werden für **Task 3** neue Gruppen gebildet und die Schüler besprechen das zweite Thema *(technology)*.
Im Plenum werden abschließend einige Ideen zu den beiden Themen gesammelt.

Tipps

- Je nach Leistungsstand kann im Vorfeld ein Thema *(e.g. food)* im Plenum besprochen werden, um den Schülern die Erwartungen zu verdeutlichen.
- Durch die wechselnden Gruppen müssen die Schüler sich auf neue Gesprächspartner einstellen. Sie können die Gruppen nach verschiedenen Merkmalen bilden, z. B. nach Körpergröße, Alter, Schuhgröße, etc. Die Übung kann auch in konstanten Gruppen durchgeführt werden.

Differenzierung

- Schnellere Schüler machen sich in Task 1 Notizen über zukünftige Technologie.
- Schnellere Gruppen tauschen sich in Task 2 über beide Themen aus.

3. When travelling to ... – Verhalten auf Reisen

KV 14–16 | 30–35 min

Practicing – Level 3

Group work

Cultural studies

Reading comprehension

Die Schüler verwenden *aren't allowed to, have to, should*, um sich über wichtige Verhaltensregeln für Touristen in verschiedenen Ländern auszutauschen.

Die Klasse wird in Dreiergruppen aufgeteilt und jeder Schüler erhält ein Land (KV 14 bis 16), sodass in jeder Dreiergruppe alle Länder (Ghana, Indien, Südafrika) vertreten sind.
In Einzelarbeit notieren die Schüler in **Task 1** für das anschließende Gespräch, was Touristen in dem Land berücksichtigen müssen, um nicht gegen geltende Gesetze oder landesübliche Sitten zu verstoßen. Je nachdem, ob es sich um eine Pflicht *(allowed/have to)* oder um einen Ratschlag *(should)* handelt, schreiben sie die Aspekte in das entsprechende Feld.
In **Task 2** tauschen sich die Schüler über für Touristen wichtige Besonderheiten in ihren Ländern aus. Wie in den Phrasen auf den KV gezeigt, gehen sie dabei nicht starr nacheinander jedes Land ab, sondern sie führen ein Gespräch, sie fragen nach (z. B. nach Gründen) und sie nennen Informationen zu ihrem Land, wenn es ihnen passend erscheint. Die Übung endet, wenn alle relevanten Informationen ausgetauscht sind.
Aspekte, die den Schülern besonders interessant erscheinen, werden abschließend im Plenum aufgegriffen und gemeinsam diskutiert.

Tipps

- Je nach Schülerzahl bilden sich neben Dreier- auch Vierergruppen, in denen ein Land von zwei Schülern vorgestellt wird.
- Die Übung kann auch als Rollenspiel durchgeführt werden. Dazu nimmt immer ein Schüler die Rolle des Reiseleiters (*tourist guide*) ein, der die Touristen darüber aufklärt, worauf sie bei ihrer Reise achten müssen.
- Weisen Sie Ihre Schüler vor Task 2 explizit darauf hin, dass sie ein Gespräch über die Verhaltensweisen in den Ländern führen sollen, also auch nach Gründen fragen oder Meinungen austauschen. Es handelt sich hier nicht um monologische Kurzreferate.

Differenzierung

- Schnellere Gruppen tauschen sich darüber aus, was Touristen in Deutschland berücksichtigen müssen.

What should(n't) I do? – Cards

you want to learn Chinese	you feel terribly bored
you have a bad headache	you got a "6" in a test
you need money for a new smart phone	you have to show your city to an exchange student from the USA

ISBN 978-3-12-505706-0

What should(n't) I do? – Cards

you want to learn Chinese	you feel terribly bored
you have a bad headache	you got a "6" in a test
you need money for a new smart phone	you have to show your city to an exchange student from the USA

ISBN 978-3-12-505706-7

What should(n't) I do?

Situation

You have a problem and you need advice from your friends. Talk about the problem.

Hello. I had a fight with Ellen, my best friend.
Do you have any ideas what I should do?

Well, I think you should talk to her.

That sounds good, thanks! / That's a great idea, thank you.
Any other ideas?

In my opinion you shouldn't be angry with her.

Thanks a lot for your help. I hope Ellen and I will get on again.

KV 12

Klett

ISBN 978-3-12-505706-0

What should(n't) I do?

Situation

You have a problem and you need advice from your friends. Talk about the problem.

Hello. I had a fight with Ellen, my best friend.
Do you have any ideas what I should do?

Well, I think you should talk to her.

That sounds good, thanks! / That's a great idea, thank you.
Any other ideas?

In my opinion you shouldn't be angry with her.

Thanks a lot for your help. I hope Ellen and I will get on again.

ISBN 978-3-12-505706-7

Klett

Life in the future

Task 1: *Take some notes about **education** in the future. Use modals like have to, allowed to, able to, need to in the will future (will/won't) as much as you can! The words in the box below will help you.*

use tablets/smartphones | do homework | learn by heart | IT | at home | tests | robots | text book

have to	allowed to

able to	need to

Task 2: *Talk about **education** in the future in your groups. Use your notes.*

Task 3: *Talk about **technology** in the future in your groups. Again use modals like have to, allowed to, able to, need to in the will future (will/won't) as much as you can! The words in the box below will help you.*

robots | cars | virtual reality | internet | other planets | 3D-printer | energy | communication

ISBN 978-3-12-505706-7

Travelling to Ghana

Task 1: *Read the text and underline what tourists have to do / aren't allowed to do / should do when they travel to Ghana. Then take notes in the table below.*

Visit Ghana

Ghana is an interesting country with friendly inhabitants. However, there are some things for tourists that are important to know.

For example, tourists must be careful when they want to take photos. It is forbidden to take any photographs of military places and airports because the government wants maximum safety throughout the country. Also be careful what you wear. It is prohibited to wear military-style clothing.
For visitors it is important to know that there are some dangerous diseases in Ghana, for example, malaria. As you need particular medicine for these diseases, make sure you have the pills and the vaccination.
A lot of things are forbidden under the age of 18, such as smoking, drinking alcohol and driving a car. Carrying and taking drugs is prohibited in all parts of the country and people get imprisoned immediately if they have any drugs with them.
If you want to get around the country, choose a registered car or the bus. Look for local bus companies. They are probably the safest way to travel long distances. If you don't want to spend much money on short distances, you can take a tro tro. Tro tros are mostly very old little buses that carry as many passengers as possible. However, they aren't recommended for longer distances.

Notes

Obligation/Prohibition (allowed to / have to)	Advice (should/shouldn't)
not allowed to take photos of military places or airports	

Task 2: *Talk about the laws and customs from task 1 in your group. Use as many modals as you can! These phrases might help you.*

When you go to Ghana, you shouldn't …
There is something similar in my country. People there have to …
Well, this is totally different from my country. People there are allowed to …
That sounds strange. Why is it not allowed to … ?

ISBN 978-3-12-505706-7

Travelling to India

Task 1: *Read the text and underline what tourists have to do / aren't allowed to do / should do when they travel to India. Then take notes in the table below.*

Visit India

In India laws and customs in the cities are often different from those in rural areas.

For example, in some rural areas the police can stop you for holding hands with your partner. Going topless or even wearing no clothes at all in public is forbidden everywhere in the country, also on beaches. On some beaches in the religious south of India the inhabitants don't like seeing women in bikinis. It is also interesting to know that many Indians don't use forks and knives but only their hands to eat. As hygiene is below German standards, a lot of tourists get sick. So make sure you have some medicine, especially for diarrhoea. For tourists it is also important to know about the drinking age in India. For example, drinking alcohol under the age of 18 is prohibited everywhere. In some areas it is even forbidden to drink alcohol under the age of 25. Many people in India even don't like to see anybody drinking alcohol in public. It is not really prohibited, but you can get into some trouble if you do.
Cows are important religious creatures in India so Indians don't eat beef and they don't like it when tourists do this. They expect tourists to respect their culture.

Notes

Obligation/Prohibition (allowed to / have to)	Advice (should/shouldn't)
	shouldn't hold hands

Task 2: *Talk about the laws and customs from task 1 in your group. Use as many modals as you can! These phrases might help you.*

When you go to India, you shouldn't …

There is something similar in my country. People there have to …

Well, this is totally different from my country. People there are allowed to …

That sounds strange. Why is it not allowed to … ?

Klett

ISBN 978-3-12-505706-7

Travelling to South Africa

Task 1: *Read the text and underline what tourists have to do / aren't allowed to do / should do when they travel to South Africa. Then take notes in the table below.*

Visit South Africa

In South Africa there are some things that are important for tourists to know.

For example, it is forbidden to feed animals because the government doesn't want wild animals to get used to humans. In some areas public transport like buses and trains is not very safe. So hotels recommend that guests use taxis instead. Although most places are safe in South Africa, it is recommended that tourists move around in groups. Tourists are also recommended to leave jewellery and expensive clothes back home so they can't be stolen. Some criminals are really nasty. When you are in a car and have to stop at a red traffic light, they try to steal expensive things from you. Most people keep their car doors locked and their windows closed while driving.

Alcohol and parties are very important for South African nightlife. However, it is forbidden to drink alcohol in public places, and drinking is prohibited for people under the age of 18. It is also forbidden to smoke in public places and restaurants. Some restaurants offer smoking areas.

In big towns medical care is good, but in rural areas, it is far below German standards. As you have to pay before you get medical treatment, make sure you have enough money with you, or at least a credit card.

Notes

Obligation/Prohibition (allowed to / have to)	Advice (should/shouldn't)
not allowed to feed animals	

Task 2: *Talk about the laws and customs from task 1 in your group. Use as many modals as you can! These phrases might help you.*

When you go to South Africa, you shouldn't …

There is something similar in my country. People there have to …

Well, this is totally different from my country. People there are allowed to …

That sounds strange. Why is it not allowed to …?

ISBN 978-3-12-505706-7

Klett

Adverbs and adverbials

1. Quiz time – Semantik, Morphologie, Syntax

Die Schüler erkennen bzw. rekapitulieren über eine Umfrage die verschiedenen Bedeutungen, Stellungsmöglichkeiten und Bildungsweisen von Adverbien.

Teil A: Quiz time

8–10 min | KV 17

Noticing/ Refreshing

Pair work

Cultural studies

Die Schüler finden sich in Paaren zusammen und jedes Paar erhält KV 17, die sie zerschneiden, sodass jeder Partner einen Teil erhält.
Die Schüler führen mit ihrem Partner nacheinander das Quiz durch. Weisen Sie die Schüler auf die folgenden Regeln hin: Ein Schüler liest eine Frage und die Antwortmöglichkeiten langsam vor. Der Partner trifft aus der Auswahl an Antworten eine Entscheidung, indem er den entsprechenden Satz wiederholt. Der Partner kreuzt entsprechende Antwort an. Die Schüler fahren so fort, bis alle Fragen beantwortet sind. Danach werden die Rollen getauscht.
Die Schüler kontrollieren ihre Antworten gegenseitig, nachdem beide ihre Fragen beantwortet haben.

Teil B: Adverbs and adverbials – the rules

15–20 min | KV 18

Engaging

Think, pair, share

vrhbeph

Jeder Schüler erhält KV 18. Mittels der ggf. schon aus Teil A bekannten Beispielsätze erarbeiten die Schüler Informationen und Regeln zu Bedeutung, Stellung und Bildung von Adverbien. Sie lesen dazu zunächst in Einzelarbeit die Beispielsätze auf der KV und ordnen diese verschiedenen Regeln zu.
Ihre Lösungen vergleichen sie mit einem Partner.
Abschließend werden die Lösungen im Plenum zusammengetragen.

Tipps

- Bei ungerader Schülerzahl bildet die Lehrkraft in Teil A mit einem Schüler ein Paar, in Teil B kann eine Dreiergruppe gebildet werden.
- Wurde vor Teil B Teil A durchgeführt, können die Paare weiterarbeiten. Es kann auch eine neue Aufteilung erfolgen.

Lösung
KV 18

A) (1) 1, 2 | (2) 3, 4, 7 | (3) 5, 6, 7 | (4) 8, 9
B) (1) end position | (2) front position, 4, 6 | (3) place, time, 7 | (4) mid position
C) (1) "*- ly*", 1, 2 | (2) "*- i*", 2

2. How often? – Umfragen *(adverbs and adverbials of frequency)*

30–35 min

Practicing – Level 1

Milling around

Die Schüler verwenden Häufigkeitsadverbien, um Informationen zu Gewohnheiten und Verhaltensweisen ihrer Mitschüler zu erheben.

Im Plenum werden *adverbs of frequency* gesammelt und als Skala an der Tafel festgehalten (s. u.). Die Schüler übertragen diese in ihre Hefte.
Als Impuls stellt die Lehrkraft Fragen an verschiedene Schüler *(e.g. How often do you go to the cinema? How often do you brush your teeth? How often do you not do*

your maths homework? How often do you take the bus to school? How often do you eat salad?). Die Schüler verwenden die Adverbien an der Tafel bei ihren Antworten. Eine Frage wird als Muster in die linke Spalte an der Tafel notiert (s.u.).
Die Lehrkraft teilt den Schülern die Aufgabenstellung mit: Es geht darum, mittels einer Umfrage etwas über die Gewohnheiten und Verhaltensweisen der Mitschüler zu erfahren.
Die Schüler entwerfen analog zur Tafelanschrift einen Hefteintrag und schreiben in Einzelarbeit mindestens vier verschiedene Fragen, die mit *How often* beginnen, in ihre Hefte.
Sie begeben sich auf das Forum (s. S. 11), um wechselnd mindestens fünf verschiedene Mitschüler zu interviewen. Diese verwenden bei ihrer Antwort eines der gesammelten Häufigkeitsadverben. Der Interviewer vermerkt die Antworten in Form von Strichlisten. So gewinnt er zunehmend einen Überblick, wie viele Mitschüler wie häufig welcher Gewohnheit nachgehen.
Im Plenum stellen einige Schüler ihre Ergebnisse vor, z. B. „*Two classmates often eat salad, three classmates sometimes eat salad, one classmate rarely eats salad and no classmate never eats salad.*"

Tafelanschrieb

Adverbs of frequency

100 % ⟶ **0 %**

	always	**usually**	**often**	**sometimes**	**rarely**	**never**
How often do you eat salad?						
…						

Tipps

- Lassen Sie sich auf keine großen Diskussionen ein, wie die Häufigkeitsadverbien zu definieren sind. Es handelt sich letztlich um subjektive Einschätzungen, was man unter *usually, often, sometimes* und *rarely* versteht.

Differenzierung

- Schnellere Schüler notieren sich mehr als vier Fragen bzw. interviewen mehr als fünf Mitschüler.

KV 19 | 10–15 min

Practicing – Level 2

Group work

3. Mimes – Handlungsweisen *(adverbs and adverbials of manner)*

Die Schüler verwenden Adverbien der Art und Weise, um Handlungsweisen zu benennen.

Die Klasse wird in Sechsergruppen aufgeteilt, und diese jeweils in zwei Dreierteams. Die Lehrkraft erklärt den Schülern die Spielregeln.

Jede Gruppe erhält einen Stapel aus den zuvor von der Lehrkraft aus KV 19 ausgeschnittenen Karten. Ein Schüler einer Gruppe zieht die oberste Karte vom Stapel, und stellt die darauf beschriebene Handlung pantomimisch dar. Die anderen Mitglieder seiner Gruppe raten, müssen aber vollständige Sätze verwenden und das passende, ggf. auch ein synonymes Adverb, nennen, um einen Punkt für ihr Team gewinnen zu können *(e.g. He is jumping happily.)*. Jedem Pantomime stehen 30 Sekunden zur Verfügung, um so viele Handlungen wie möglich darzustellen. Er kann maximal eine Karte zurücklegen, um sie gegen eine neue einzutauschen.
Die Zeit wird von einem Schüler aus dem gegnerischen Team gestoppt. Die Teams stellen den Pantomime abwechselnd. Das Spiel endet nach ca. 10 Minuten.
Das Team mit den meisten Punkten gewinnt.

Tipps

- Weisen Sie die Schüler darauf hin, dass Adverbien mehrfach vorkommen können.
- Weisen sie die Klasse darauf hin, dass keine unregelmäßigen Adverbien vorkommen (*e.g. well, fast*) und dass synonyme Adverbien zugelassen sind (*e.g. shyly / timidly*).
- Bei ungerader Schülerzahl können auch Siebener- oder Achtergruppen gebildet werden, innerhalb derer sich eine Dreier- und eine Vierergruppe bzw. zwei Vierergruppen bilden.
- Die Übung kann auch im Plenum durchgeführt werden. Dazu wird die Klasse in zwei größere Teams aufgeteilt, die gegeneinander antreten. In diesem Fall gilt, dass der Schüler, der am schnellsten korrekt die Handlung benennt, einen Punkt für sein Team gewinnt.

Differenzierung

- Stärkere Schüler können sich weitere Handlungen und Handlungsweisen ausdenken und vorspielen.

4. Absolutely (not) – Bestätigen und Korrigieren *(adverbs and adverbials of manner and degree)*

25–35 min | KV 20

Practicing – Level 3

Double circle

Cultural studies
Reading comprehension

Die Schüler verwenden Adverbien der Art und Weise sowie Gradadverbien, um bestätigend oder korrigierend auf eine Behauptung zu reagieren.

Für die Einzelarbeit erhält jeder Schüler KV 20, liest in **Task 1** den Text und notiert nach dem auf der KV vorgegebenen Beispiel und mithilfe der in den Boxen angegebenen Wörter mindestens vier Behauptungen in sein Heft. Er vermerkt zudem, ob die Behauptungen richtig oder falsch sind.
Für **Task 2** wird die Klasse in zwei gleich große Gruppen geteilt und es bilden sich ein Außen- und ein Innenkreis, sodass sich immer zwei Schüler gegenüberstehen. Nach Ansage der Lehrkraft beginnen die Schüler des Außenkreises und lesen ihrem Partner eine ihrer Behauptungen (Task 1) vor. Mit dem Wissen aus dem Text kann dieser die Aussage bestätigen oder gegebenenfalls richtig stellen. Zur Bestätigung formuliert er eine Kurzantwort und wiederholt die Behauptung, indem er das Adjektiv zu einem Adverb umformt und ein Gradadverb hinzufügt *(e.g. "Michael Jackson was a fantastic singer." – "Yes, he was. He sang absolutely fantastically.")*. Wird die Behauptung korrigiert, formuliert der Partner einen richtigstellenden Satz *(e.g. "Michael Jackson was an amazing hockey player." – "I don't think so. But he sang really amazingly.")*

Abwechselnd fahren die Schüler damit fort, bis die Lehrkraft nach ca. 1 bis 2 Minuten die Kreise dreht, sodass neue Paare entstehen, die die Übung wiederholen. Die Kreise sollten mindestens dreimal bewegt werden.

Tipps

- Der Ablauf (v.a. die Umformung von Adjektiv zu Adverb) sollte den Schülern anhand des Beispiels in Task 2 verdeutlicht werden.
- Bei ungerader Schülerzahl wird die Lehrkraft selbst Teil eines Kreises.
- Die Übung kann statt als *double circle* auch als *bus stop* (s. S. 10) gestaltet werden.
- Je nach Kenntnisstand können einige Gradadverbien im Vorfeld an der Tafel gesammelt werden *(e.g. absolutely, completely, totally, extremely, really, very, utterly, hardly, scarcely).*

Differenzierung

- Schnellere Schüler notieren in Task 1 mehr als vier Sätze. Sie können auch Sätze mit Elementen außerhalb der Wortboxen bilden.
- In stärkeren Lerngruppen kann sich eine weitere Phase anschließen, für die sich die Schüler (ggf. schriftlich) eigene Behauptungen außerhalb des KV-Textes überlegen. Der Kreativität sind dabei keine Grenzen gesetzt. Mit *bus stop* bilden sich dann wechselnd Paare, die Partner nennen sich abwechselnd ihre Behauptungen und reagieren mit einem Gradadverb in einem zustimmenden oder korrigierenden Satz.

KV 21 | 20–25 min

Practicing – Level 3

Bus stop

Cultural studies

5. My trip to Oxford – Urlaubsaktivitäten *(adverbs and adverbials of place, time, frequency)*

Die Schüler verwenden verschiedene Adverbien, um Informationen über den Verlauf eines Urlaubstrips auszutauschen.

Jeder Schüler erhält KV 21 und sie notieren sich in **Task 1** in Einzelarbeit je nach Arbeitstempo mindestens fünf interessante Orte oder Aktivitäten. Sie benutzen Lokal-, Temporal- und Frequenzadverbiale, um festzuhalten, was sie wann, wo und wie oft gemacht haben.
Über den *bus stop* finden sich wechselnd neue Paare, die sich in **Task 2** über ihren Urlaubstrip unterhalten. Die Partner informieren mithilfe ihrer Notizen ihre Mitschüler und sie erfragen gegenseitig weitere Informationen zur Reise.
Die Schüler sollten Gelegenheit haben, sich mit mindestens zwei Mitschülern auszutauschen.
Einzelne Schüler stellen ihre Reise abschließend im Plenum vor.

Quiz time – Part A

Task: *Ask your partner the questions below and tick his/her answers. Check the answers and give feedback.*

1) How do many people in the north of England speak?
❍ a) They speak very slowly.
❍ b) They speak very quickly.

2) How do most Americans talk to tourists?
❍ a) They talk to tourists happily.
❍ b) They talk to tourists angrily.

3) Where can you see Ayers Rock?
❍ a) In India you can see Ayers Rock.
❍ b) In Australia you can see Ayers Rock.

4) Where do the Sioux live?
❍ a) The Sioux live in the USA.
❍ b) The Sioux live in New Zealand.

5) When did Nelson Mandela die?
❍ a) Nelson Mandela died in 1820.
❍ b) Nelson Mandela died in 2013.

6) When was Microsoft founded in the USA?
❍ a) It was founded in the USA in 1975.
❍ b) It was founded in the USA in 2001.

7) How often do Aborigines hunt polar bears?
❍ a) They never hunt polar bears.
❍ b) They sometimes hunt polar bears.

8) Does Queen Elizabeth II have Corgis?
❍ a) She has always had Corgis.
❍ b) She has never had Corgis.

1–b You have to listen carefully when you talk to a person from York. | **2–a** You can always ask an American for help. | **3–b** | **4–a** The Sioux [suː] are native American tribes. | **5–b** Mandela was a South African hero who fought for freedom for black Africans. | **6–a** | **7–a** Aborigines are the natives in Australia, there are no polar bears in Australia. | **8–a** Corgis [ˈkɔːgiz] are dogs.

Quiz time – Part B

Task: *Ask your partner the questions below and tick his/her answers. Check the answers and give feedback.*

1) How did William Byrd play the piano?
❍ a) He played the piano awfully.
❍ b) He played the piano brilliantly.

2) Where will you find the Big Five?
❍ a) In Scotland you will find the Big Five.
❍ b) In South Africa you will find them.

3) How do most British people wait for the bus?
❍ a) They wait for the bus very patiently.
❍ b) They wait for the bus very impatiently.

4) Where do tourists look for Nessy?
❍ a) They look for Nessy in Scotland.
❍ b) They look for Nessy in Ireland.

5) When was Queen Elizabeth II born in London?
❍ a) She was born in London in 1926.
❍ b) She was born in London in 1956.

6) When was London founded?
❍ a) It was founded in 1520.
❍ b) It was founded in 43 AD *(43 years after the birth of Jesus Christ).*

7) How often have kangaroos attacked people in India?
❍ a) They have never attacked people in India.
❍ b) They have sometimes attacked people in India.

8) How often does it rain in Dublin?
❍ a) It rarely rains in Dublin.
❍ b) It often rains in Dublin.

1–b Byrd [bɜːd] (1543–1623) was an English composer *(Komponist)*. He was a genius of the keyboard. | **2–b** The Big Five are: elephant, rhinoceros, cape buffalo, lion, leopard. | **3–a** | **4–a** Nessy is said to be a monster that lives in the lake Loch Ness [ˌlɒkˈnes]. | **5–a** | **6–b** London, "Londinium", was founded by the Romans. | **7–a** Kangaroos live in Australia. | **8–b** It rains on about 246 days a year.

ISBN 978-3-12-505706-7

Adverbs and adverbials

Task: *Read the example sentences and finish the grammar card.*

	Front position	Subject	Auxiliary verb	**Mid position**	Main verb	Object	**End position**
1		The British			wait	for the bus	**patiently.**
2		Americans			talk	to tourists	**happily.**
3		The Sioux			live		**in the USA.**
4	**In South Africa**	you	will		find	the Big Five.	
5		London	was		founded		**in 43 A.D.**
6	**In 2013**	Mandela			died.		
7		Microsoft	was		founded		**in the USA in 1975.**
8		Aborigines		**never**	hunt	polar bears.	
9		The Queen	has	**always**	had	Corgis.	

Grammar card – Adverbs and adverbials

A) The meaning of adverbs and adverbials

(1) Adverbials of manner describe *how* something happens. – Sentence(s): ____________

(2) Adverbials of place describe *where* something happens. – Sentence(s): ____________

(3) Adverbials of time describe *when* something happens. – Sentence(s): ____________

(4) Adverbials of frequency describe *how often* something happens. – Sentence(s): ________

B) The position of adverbs and adverbials (front, mid or end position)

(1) Adverbials of place, time or manner usually appear in ______________________________.

(2) Adverbials of place and time can appear in ______________________________ to emphasise the place or the time. – Sentence(s): ________

(3) In sentences with adverbials of time and place the adverbial of ____________ comes before the adverbial of ____________________. – Sentence(s): ________

(4) Adverbs of frequency usually appear in ______________________________.

C) Building adverbs

(1) You can transfer an adjective into an adverb by adding -________. – Sentence(s): ______

(2) If an adjective ends in "-y", the "-y" usually becomes an "-________." – Sentence(s): ______

ISBN 978-3-12-505706-7

Mimes

jump **happily**	fall asleep **slowly**	eat pizza **quickly**
ride a bike **slowly**	phone **angrily**	walk **carefully**
speak **kindly**	eat ice cream **sadly**	drink coffee **nervously**
sing **loudly**	read **slowly**	drive a car **aggressively**
speak **shyly**	look **closely**	listen **carefully**
climb **slowly**	eat hot soup **carefully**	read the paper **slowly**
drive a car **carefully**	cry **painfully**	walk **happily**
speak **anxiously**	put on make-up **carefully**	sleep **nervously**
write **quickly**	cut a carrot **carefully**	eat a burger **hungrily**

ISBN 978-3-12-505706-7

Absolutely (not)

American VIPs

The USA has produced a lot of world-famous and popular people in the fields of literature, music, movies, politics and sports.

The whole world is entertained by US citizens. Although he died in 2009, almost everybody in the world knows Michael Jackson. He was called the King of Pop. He wrote a lot of famous songs, but he is also famous for his dancing, especially for the Moonwalk. Jackson's dancing was an important part of his music videos. He became a role model for several artists such as Justin Bieber, Usher and Justin Timberlake. Another really famous American musician is Bruce Springsteen. He is one of the most popular rock artists of all times. His music deals with the American Dream and poor people from working class backgrounds. He writes and sings his songs himself and he plays the guitar, the harmonica and the piano. His concerts in big stadiums everywhere in the world are attended by hundreds of thousands of people. He won an Academy Award (Oscar) for his song Streets of Philadelphia that he wrote for the movie Philadelphia.

In this movie Tom Hanks was one of the main actors. Tom Hanks has acted in more than fifty movies. He is known for his roles in Forrest Gump, Illuminati and Sully.

A younger colleague of Hanks is Jennifer Lawrence who is known for her role as Katniss Everdeen in The Hunger Games. She has a lot of female fans who like her acting style.

Another important American is Martin Luther King who fought for the freedom and the rights of black Americans. He was killed in 1968 but is still famous for his speeches. Thousands of people came to listen to his words and he always fascinated his audience.

Americans also love sports. Millions of US citizens follow the National Basketball League (NBL) on TV. Dirk Nowitzki, a professional basketball player for the Dallas Mavericks, comes from Wuerzburg in Bavaria. He moved to the USA in 1998. Although the USA is not very fond of Formula One, Mario Andretti is a famous driver who won the world championship in 1978. No other US citizen has won the title since.

Task 1: *Write at least two true and two false statements in your exercise book. The words in the boxes will help you.*

(1) Michael Jackson was a fantastic singer.

(2) Michael Jackson was a good hockey player.

excellent | fantastic | beautiful | hard | good | amazing | bad | confident | careful | quick

singer | writer | speaker | worker | dancer | driver | actor | player | entertainer

Task 2: *Read out your sentences to each other and confirm or correct them as shown in the examples below. Use an adverb of degree for your answers.*

A: Michael Jackson was a fantastic singer.

B: Yes, he was. He sang absolutely fantastically.

A: Michael Jackson was an amazing hockey player.

B: I don't think so. But he sang really amazingly.

ISBN 978-3-12-505706-7

My trip to Oxford

University of Oxford
(open for tourists)

Radcliffe Camera – built 1748, Academic reading room *(see picture)*
Bodleian Library – 176 kilometres of shelves, room for 2500 readers
Christ Church College – founded in 1525 (The dining hall is the model for The Great Hall in Hogwarts)

Relaxing

Blackwell's Bookstore – Norrington Room: largest room for book sales in Europe with more than three miles of book shelves
Turf Tavern – pub since 1381
Punt Hire – boating on the River Thames *(see picture)*

Museums & Botanic Garden

Oxford University Museum of Natural History – opened in 1850; with a long dinosaur gallery with a skeleton of a T. rex (tyrannosaurus rex)
Pitt River Museum – anthropological museum; interesting shrunken heads *(see picture)*
Botanic Garden – opened in 1621; oldest botanic garden in Great Britain; exotic plants

Tours

Bicycle Tour – all day; 2.5 hours
City Tours – all day; 3 hours
Ghost Tour – evening; 1.5 hours
Bus Tour – all day; "hop on hop off"
Harry Potter – morning; 2 hours; many scenes for the Harry Potter films were shot at the university *(see picture)*

Task 1: *You went to Oxford for three days last week. Take notes on your trip in your exercise book: What did you do when, where, how often? Include at least five interesting places or activities. Use adverbs and adverbials of place, time and frequency.*

Task 2: *Tell each other about your trips. Also ask each other questions, e.g. what he/she liked most, why he/she decided to see a place or do an activity etc.*

ISBN 978-3-12-505706-7

Gerund

1. What do you think about ...? – Das *gerund* als Subjekt

KV 22
30–40 min
Practicing – Level 2
Group work
Milling around

Die Schüler gebrauchen das *gerund* als Subjekt, um über Einstellungen zu verschiedenen Handlungen zu sprechen.

Die Klasse wird in Vierer- bis Fünfergruppen aufgeteilt und jeder Schüler erhält KV 22. Jeder Gruppe wird ein Gruppenthema *(e.g. food, entertainment, cinema, sports, school, music, foreign countries, holidays)* zugeteilt.
In **Task 1** formulieren die Gruppenmitglieder zu ihrem Thema gemeinsam Fragen mit einem *gerund (e.g. What do you think about eating salad / playing video games / playing handball / learning foreign languages / becoming a rock star / travelling around the world?).*
Für die Erhebung in **Task 2** werden Stühle und Tische beiseite geräumt, sodass ein Forum entsteht, auf dem die Schüler sich frei bewegen können. Die Schüler nennen ihren Partnern anfangs stets das Gruppenthema. (Jeder Schüler beantwortet die Fragen einer Gruppe nur einmal, damit keine Mehrfacherhebungen erfolgen, die das Ergebnis verfälschen.) Sie stellen ihrem Gesprächspartner ihre Fragen und beantworten deren Fragen *(e.g. Eating salad is very healthy.).* Danach wechseln die Partner.
In **Task 3** kehren die Schüler in ihre Gruppen zurück und tragen die Antworten ihrer Mitschüler aus Task 2 zusammen. Sie kategorisieren und ordnen die Antworten *(e.g. positive/negative, frequent, funny, surprising, clever answers).*
Abschließend werden die Gruppenergebnisse im Plenum vorgestellt.

Tipps

- Als Hinführung zu dieser Übung und als Vorentlastung von Task 1 kann die Lehrkraft im Plenum den Schülern zu jedem Gruppenthema eine Frage stellen (s. o.), welche einzelne Schüler unter Verwendung des *gerund* beantworten. So wird den Schülern auch die Grundstruktur der Fragen *(What do you think about ...?)* vorgeführt.
- Je nach Kenntnisstand der Lerngruppe können den Schülern Redemittel für den Einstieg in die Befragung (an der Tafel) mitgegeben werden *(e.g. Hello. I would like to ask you some questions about ...* [Gruppenthema]. *Is that ok? – Yes, of course it is. / Sorry, I've already answered the questions on this topic.)*

2. What about you? – Das *gerund* nach Präpositionen

KV 23
15–20 min
Practicing – Level 2
Group work
vrhbeph

Die Schüler verwenden das *gerund* nach Verben mit Präpositionen, um Auskünfte zu erteilen und zu erfragen.

Als Einstieg in die Übung verdeutlicht die Lehrkraft das Vorgehen an einem Beispiel *(e.g. I'm interested in playing video games and reading books. ..., what about you? What are you interested in?),* das sie als Muster an die Tafel notiert.
Die Klasse wird in Vierer- bis Fünfergruppen eingeteilt. Jede Gruppe erhält KV 23, aus der die Karten ausgeschnitten, gemischt und verdeckt in die Tischmitte gelegt werden.
Ein Schüler beginnt, zieht die oberste Karte vom Stapel *(e.g. interested in)* und bildet mit der vorgegebenen Phrase einen Satz mit einem *gerund (e.g. I'm interested*

in playing video games). Er wählt einen Schüler aus und gibt die Phrase als Frage weiter *(e.g. Ellen, what about you? What are you interested in?).* Der angesprochene Schüler antwortet und gibt die Phrase als Frage an einen weiteren Schüler weiter. Nacheinander bildet jedes Gruppenmitglied so mit dieser Phrase einen Satz und eine Frage. Der letzte Schüler einer Runde zieht eine neue Karte, und eine weitere Runde mit einer neuen Phrase beginnt. Die Übung endet nach ca. zehn Minuten. Es schließt sich eine kurze Plenumsphase an, in der einige Schüler die Antworten einzelner Mitschüler vorstellen *(e.g. Ellen is interested in reading fantasy novels.)* und Probleme besprochen werden.

Tipps
- Einige Phrasen könnten den Schülern unbekannt sein und sollten vorentlastet werden, z. B. *to be keen on, to be tired of.*

3. Likes and dislikes – Das *gerund* als Objekt

20–25 min | KV 24

Practicing – Level 3

Milling around
3-step interview

Die Schüler verwenden das *gerund* als Objekt nach bestimmten Verben, um über Vorlieben und Abneigungen zu sprechen.

Jeder Schüler erhält KV 24 und schreibt in **Task 1** mithilfe der Wortboxen vier Interviewfragen zu Vorlieben und Abneigungen der Mitschüler in die Tabelle.
Im *milling around* führen die Schüler in **Task 2** mit wechselnden Mitschülern die Interviews durch. Die interviewten Schüler geben Kurzantworten. Bei negierten Kurzantworten fügen sie einen positiven Satz mit einem *gerund* an.
Die Antworten ihrer Mitschüler stellen sie in **Task 3** einem Partner vor.
Als Abschluss kann die Vorstellung von einigen Schülern im Plenum wiederholt werden.

Tipps
- Sollten Ihre Schüler die indirekte Rede noch nicht beherrschen, kann die Vorstellung der Aussagen der Mitschüler unter Vermeidung von Einleitewörtern ohne *backshift* erfolgen.
- Je nach Kenntnisstand können alle oder stärkere Schüler den Infinitiv für Wünsche, die sich in einer bestimmten (zukünftigen) Situation erfüllen sollen *(e.g. What would you like to do in London?)*, oder für Gewohnheiten *(e.g. What do you like to do on Sundays?)* hinzunehmen.

Differenzierung

4. Gerund or infinitive? – *Gerund* oder *infinitive* nach *remember* und *forget*

40–45 min | KV 25+26

Noticing/Engaging/Refreshing
Practicing – Level 2

Partner puzzle
Mediation

Creative writing

Die Schüler verstehen den bedeutungsdifferenzierenden Gebrauch des *gerund* und des *infinitive* nach den Verben *remember* und *forget.*

Die Klasse wird in Vierergruppen aufgeteilt, innerhalb derer sich Paare bilden (S1 + S2 und S3 + S4). Schüler 1 und 2 erhalten KV 25, Schüler 3 und 4 KV 26.
In Partnerarbeit erledigen die Schüler **Task 1**.
In **Task 2** wechseln die Schüler in den Gruppen ihre Partner (S1 + S3 – S2 + S4) und sie erklären sich gegenseitig ihre Übersetzungen aus Task 1, um die Distributionsregeln von *gerund* und *infinitive* herauszufinden. Vor der Bearbeitung von Task 3

sollte die Lehrkraft sicherstellen, dass alle Schüler in Task 2 die korrekten Distributionsregeln notiert haben. Die Lehrkraft sollte die Schüler während der Bearbeitung von Task 1 und 2 aufmerksam beobachten. Kommen die Schüler gut zurecht, genügt eine individuelle Kontrolle bei den einzelnen Paaren. Entstehen größere Probleme, sollten Task 1 und 2 im Plenum besprochen werden, bevor die weiteren Tasks bearbeitet werden.
In **Task 3** verfassen die Schüler mit ihrem Partner (S1 + S3 – S2 + S4) und mit dem neuen Wissen in Anlehnung an Task 1 einen eigenen Text.
Für **Task 4** kommen die Paare aus Task 1 wieder zusammen (S1 + S2 – S3 + S4). Die Schüler stellen sich ihre Texte, die sie im vorangehenden Task erstellt haben, vor und erläutern den Gebrauch von *gerund* und *infinitive*.
Im Plenum werden einige Texte exemplarisch besprochen und dabei die Korrektheit der aufgestellten Regeln kurz überprüft.

Tipps

- Geht die Schülerzahl bei der Einteilung in Gruppen nicht auf, bilden sich Fünfergruppen, innerhalb derer sich ein Paar und eine Dreiergruppe formieren.
- Zwischen Task 3 und Task 4 kann die *bus stop*-Methode (s. S. 10) eingesetzt werden, um den unterschiedlichen Lerntempi der Schüler gerecht zu werden.
- Je nach zeitlichen Ressourcen kann Task 3 als Hausaufgabe ausgelagert werden. Mit Task 4 wird in der Folgestunde die Grammatik rekapituliert.

Lösungen

KV 25 – Task 1

Jenny: Ich darf nicht vergessen, mein Shirt einzupacken. Und ich muss daran denken, nächste Woche neue Sportschuhe zu kaufen.
Coach: Vergiss nicht, sie wegzuwerfen, sobald du daheim bist. ... Und denke daran, in ihnen Laufen zu gehen.

KV 25 – Task 2

*We use the **gerund** with "forget" and "remember" to talk about actions that have taken place in the past.*
*We use the **infinitive** with "forget" and "remember" to talk about intended actions for the future.*

KV 26 – Task 1

Luke: Ich werde mich immer daran erinnern, wie ich Königin Elisabeth traf. Und ich werde mich immer daran erinnern, als ich den Tower gesehen habe.
Sandy: Und ich bin mir sicher, dass du niemals vergessen wirst, wie du deine Kamera im Hyde Park verloren hast.
Luke: Aber ich glaube, du wirst dich immer daran erinnern, wie ich den ganzen Weg zurück zum Hotel geweint habe.

KV 26 – Task 2

Siehe KV 25 – Task 2

What do you think about ...?

Group topic: ____________________

Task 1: *In your group, find questions on your group topic and write them down in the grid. Use gerunds.*

Task 2: *Walk around and look for classmates to ask your questions. Take notes on their answers in the grid. Also answer your classmates' questions (answer the questions to a topic only once). Use gerunds as subjects for your answers.*

Task 3: *Get together in your groups again and talk about your answers by categorizing them (positive/negative, frequent, funny, surprising, clever answers). Take notes on your findings in the grid.*

Questions	Answers	Categorisation

ISBN 978-3-12-505706-7

What about you?

dream about	be interested in	look forward to
think about	be tired of	be good at
be keen on	apologize for	be bad at

KV 23

ISBN 978-3-12-505706-0

What about you?

dream about	be interested in	look forward to
think about	be tired of	be good at
be keen on	apologize for	be bad at

ISBN 978-3-12-505706-7

Likes and dislikes

Task 1: *Use the elements in the boxes and make four "do" questions with a gerund that you can ask your classmates (e.g. "Do you like drinking tea?"). Use different elements for each question.*

like | love | prefer | hate | enjoy

drink | read | play | eat | sing | learn | speak | listen to | watch | write | do | drive | travel | clean up | sleep | dance

fantasy novels | salad | lemonade | hip hop | bike | maths | in summer | hamburger | English | homework | emails | pop songs | the guitar | horror films | tea | letters | foreigners | your room | the dishes | comic books | hotel | restaurant | party | handball

Questions	Classmates	Answers

Task 2: *Find at least three classmates whom you can interview with your questions. Take notes on their answers in the grid. Also answer your classmates' questions. Use short answers ("Yes, I do." / "No, I don't."). If you give a negative answer, add a positive sentence with a gerund (e.g. "No, I don't. I like drinking hot chocolate.").*

Task 3: *Get together with a partner and tell each other about the answers you collected (e.g. "Lilly doesn't like drinking tea. She likes drinking hot chocolate.").*

ISBN 978-3-12-505706-7

Gerund or infinitive? – Part 1

Task 1: *Work with a partner. Read the text and translate the sentences in* ***bold*** *into German.*

English	German
Today is Jenny's handball match. She is talking to her mum.	
Jenny: I shouldn't forget to pack my shirt. And I must remember to buy new sneakers next week.	
Mum: Ok. But they're fine for today.	
The match was hard and in the end they lost. Jenny's coach is talking to her.	
Coach: Jenny, you weren't good. Unfortunately, you won't be able to play the next time. Your sneakers are too old and you can't play in them. **Don't forget to throw them away when you get home.** Buy yourself a new pair. **And then remember to go running in them.** Otherwise they will hurt during the matches.	
Jenny: Alright, coach. I'll do that.	
Jenny bought new sneakers and practiced hard. She won her next match.	

Task 2: *Swap partners. Show each other your texts from task 1 and read them out to each other. Show each other your translations. Find rules when you have to use the gerund and the infinitive after the verbs "forget" and "remember". Fill in the grammar card with one rule sentence.*

Grammar card – Gerund or infinitive after *remember* and *forget*

gerund	infinitive
We use the gerund	**We use the infinitive**

Task 3: *Write a short dialogue as in task 1 in your exercise book. Use "forget" and "remember". Use each verb with a gerund and with an infinitive.*

Task 4: *Get together with your partner from task 1 again and read out your texts from task 3 to each other. Explain the use of gerunds and infinitives in your texts to your partner.*

ISBN 978-3-12-505706-7

Gerund or infinitive? – Part 2

Task 1: *Work with a partner. Read the text and translate the sentences in **bold** into German.*

English	German
Luke and Sandy have just come back from a trip to London.	
Luke: London was great. **I will always remember meeting Queen Elisabeth. And I will always remember seeing the Tower.** It was fantastic.	
Sandy: Yes, it was. **And I'm sure you will never forget losing your camera in Hyde Park.** That was awful! Now we only have the photos on our mobiles.	
Luke: I know. I really shouldn't have put it down on that bench. I was so unhappy. **But I think you will always remember me crying all the way back to the hotel.**	
Sandy: Well, it wasn't funny at all. I really felt sorry for you.	
Luke and Sandy had an amazing stay in England. They want to travel to Scotland next summer.	

Task 2: *Swap partners. Show each other your texts from task 1 and read them out to each other. Show each other your translations. Find rules when you have to use the gerund and the infinitive after the verbs "forget" and "remember". Fill in the grammar card with one rule sentence.*

Grammar card – Gerund or infinitive after *remember* and *forget*

gerund	infinitive
We use the gerund	**We use the infinitive**

Task 3: *Write a short dialogue as in task 1 in your exercise book. Use "forget" and "remember". Use each verb with a gerund and with an infinitive.*

Task 4: *Get together with your partner from task 1 again and read out your texts from task 3 to each other. Explain the use of gerunds and infinitives in your texts to your partner.*

ISBN 978-3-12-505706-7

Infinitive

KV 27 | 35–45 min

Practicing – Level 2

Group work

1. We'd like to have the best party – Wünsche ausdrücken

Die Schüler verwenden Einstellungsverben *(like, love, hate, prefer)* mit dem Infinitiv, um mit Freunden eine Party zu planen.

Der **Einstieg** in die Übung erfolgt über ein kurzes Unterrichtsgespräch *„In your opinion, what do you have to think of when you want to throw a party?"*. Die Schüler erhalten sodann KV 27 und im Plenum wird die **kommunikative Situation** geklärt.
Task 1 stellt die individuelle Vorbereitungsphase für das Treffen in Task 2 dar. Die Schüler notieren sich in Einzelarbeit ihre Wünsche für die Party in ihre Hefte.
Für **Task 2** kommen die Schüler in Vierer- bis Fünfergruppen zusammen, um die Party zu planen. Sie gehen die Kategorien nacheinander durch und bringen in einem offenen Gespräch ihre Wünsche aus Task 1 ein. Sie folgen dabei dem Beispiel auf der KV und verwenden verschiedene Einstellungsverben *(like, love, hate, prefer)* mit *would* und dem Infinitiv *(e.g. I'd love to play SingStar at the party. What do you think about that?)*. Die Schüler diskutieren die einzelnen Vorschläge und einigen sich auf zwei Ideen pro Kategorie, die sie als Notizen auf ihrer KV festhalten.
In **Task 3** stellen die Gruppen ihre Party-Planungen dem Plenum vor. Sie verwenden dabei erneut verschiedene Einstellungsverben mit *would* und dem Infinitiv.
Im Anschluss an die Vorstellungen begründen einzelne Schüler im Plenum ihre Entscheidung, zu welcher Party sie gerne gehen würden, wobei sie wiederum Einstellungsverben mit *would* und dem Infinitiv nutzen *(e.g. I'd prefer to go to … party because I'd love to play Singstar with them.)*.
Abschließend kann in der Klasse über die ansprechendste Party-Planung abgestimmt werden.

Tipps

- Weisen Sie die Schüler für Task 1 und 2 explizit darauf hin, dass sie Notizen anfertigen und keine ganzen Sätze aufschreiben sollen, da dies in Task 2 bzw. 3 zum Ablesen verleitet und die Kommunikation stört.

Differenzierung

- In stärkeren Klassen kann die individuelle Vorbereitung in Task 1 übersprungen und nach dem Einstieg direkt mit Task 2 als spontanem Planungsgespräch begonnen werden.
- Die Hilfen auf KV 27 können von den Schülern jederzeit durch eigene Ideen ergänzt werden.

KV 28 + 29 | 20–25 min

Practicing – Level 2

Group work

vrhbeph

2. Hard to decide – Meinungen austauschen

Die Schüler verwenden Adjektive mit Infinitiven, um das Pro und Contra zu einem Thema zu diskutieren.

Die Schüler bilden Dreier- bis Vierergruppen und jede Gruppe erhält KV 28, aus der die Kärtchen ausgeschnitten, gemischt und in der Tischmitte verdeckt ausgelegt werden.
Jeder Schüler erhält KV 29 und im Plenum wird die Aufgabe anhand des Beispiels erläutert. Der jüngste Schüler einer Gruppe beginnt, zieht eine Karte und richtet die entsprechende Frage an die Gruppe *(e.g. What do you think about playing an*

instrument?). Die Schüler diskutieren das Pro und Contra zu diesem Thema und verwenden dabei Adjektive mit anschließenden Infinitiven *(e.g. I think it's important/hard/fun to play an instrument.).*
Danach zieht der im Uhrzeigersinn folgende Schüler eine neue Karte für die nächste Diskussionsrunde. Die Übung endet nach ca. 10 Minuten.
Abschließend werden einzelne Themen im Plenum erneut aufgegriffen und die Schüler tauschen Argumente aus.

Tipps
- Die Schüler können jederzeit eigene Adjektive verwenden.

Differenzierung
- Schnelle und starke Gruppen können eigene Themen diskutieren.

3. Why do you do this? – Alltagshandlungen begründen

15–20 min

Practicing – Level 1

Milling around

Die Schüler verwenden den Infinitiv, um Gründe für alltägliche Handlungen in ihrem Leben mitzuteilen.

Die Lehrkraft formuliert im Plenum einen Satz über ihr Alltagsleben *(e.g. At weekends I often go to the theatre.)* und hält ihn an der Tafel fest. Sie fragt vier bis fünf Schüler, was sie in ihrem Alltagsleben häufig tun. Anschließend notieren die Schüler je nach Arbeitstempo drei bis sechs Sätze in ihre Hefte, was sie häufig tun.
Sodann wiederholt die Lehrkraft ihren Beispielsatz vom Stundenbeginn *„At weekends I often go to the theatre."* und begründet, warum sie dies tut *(e.g. „I often go to the theatre to have fun.")*, was sie ebenfalls an der Tafel festhält. Sie bittet einen Schüler, einen seiner Sätze vorzulesen und fragt nach den Gründen, warum er dies tut. Der Schüler begründet sein Handeln, dem Lehrerbeispiel folgend, mithilfe einer Infinitivkonstruktion *(e.g. Why do you …? – I … to … – That sounds interesting. I can understand why you do this.).* Damit wird den Schülern das Vorgehen für die folgende Gesprächsphase verdeutlicht.
Tische und Stühle werden beiseite geräumt und die Schüler erhalten den Auftrag, sich wechselnd neue Partner zu suchen, um diese über zwei bis drei ihrer Alltagshandlungen zu informieren und sich gegenseitig nach ihren Handlungsmotiven zu fragen. Sie begründen ihre Handlungen stets mit einer Infinitivkonstruktion.
Abschließend können einzelne Schüler im Plenum ihre eigenen Handlungen begründen oder die Handlungsmotive von befragten Mitschülern nennen *(e.g. I talked to … . He plays the guitar to be in a band.).*

Tipps
- In schwächeren Klassen können Sie vor der Forumsphase eine Phase einfügen, in der sich die Schüler Motive für ihre Handlungen überlegen und notieren.
- Sollten Ihre Schüler die indirekte Rede noch nicht beherrschen, kann die Vorstellung der Aussagen der Mitschüler unter Vermeidung von Einleitewörtern ohne *backshift* erfolgen.

Differenzierung
- Je nach Leistungsstand können Sie den Schülern an der Tafel oder auf Folie mögliche Handlungsmotive anbieten, die sie nutzen können *(e.g. to have fun, to meet my friends, to stay fit, to play for my family, to compete with others, to relax, to become smarter).*

KV 30 | 20–25 min

Practicing – Level 2

Milling around
3-step interview

4. My VIPs – Verbindung zu wichtigen Menschen ausdrücken

Die Schüler verwenden in Dialogen Infinitivkonstruktionen mit Fragewörtern, um mitzuteilen, warum verschiedene Personen in ihrem Leben wichtig sind.

Jeder Schüler erhält KV 30 und notiert in **Task 1** mithilfe von Infinitivkonstruktionen mit Fragewörtern, warum verschiedene Menschen für ihn wichtig sind *(e.g. My grandmother is a VIP in my life because she shows me how to make tasty cookies. My uncle is also important for me because he …)*.
Für **Task 2** werden Tische und Stühle beiseite geräumt, sodass ein Forum entsteht. Die Schüler berichten mindestens zwei Mitschülern von wichtigen Personen ihres Lebens. Sie machen sich auf KV 30 Notizen über zwei VIPs ihres Partners.
Mit den Notizen aus Task 2 suchen sich die Schüler in **Task 3** auf dem Forum einen neuen Partner, dem sie einen ihrer Partner aus Task 2 vorstellen *(e.g. I talked to … and she told me that her grandmother was important to her because she showed her how to make tasty cookies. Her uncle is also a VIP in her life because he …)*.
Abschließend stellen einige Schüler ihre VIPs oder Mitschüler im Plenum vor.

Tipps
- Beherrschen die Schüler die indirekte Rede noch nicht, erfolgt die Vorstellung der Aussagen der Mitschüler unter Vermeidung von Einleitewörtern ohne *backshift*.

Differenzierung
- Die Hilfen auf KV 30 können die Schüler durch eigene Ideen ergänzen.
- In Klassen mit sehr heterogenem Arbeitstempo kann anstelle von *milling around* auch die *bus stop*-Methode (s. S. 10) eingesetzt werden.

15–20 min

Practicing – Level 3

Milling around

5. The things to do – Empfehlungen geben

Die Schüler reagieren auf Vorlieben ihrer Gesprächspartner und verwenden Infinitivkonstruktionen, um Empfehlungen zu geben.

In Stillarbeit notiert jeder Schüler fünf Dinge in sein Heft, die er gerne tut *(e.g. I enjoy/like watching football.)*.
Stühle und Tische werden beiseite geräumt, sodass ein Forum entsteht, auf dem sich die Schüler mit wechselnden Partnern über ihre Vorlieben unterhalten und sich gegenseitig spontan Empfehlungen geben, was sie tun können, wobei sie eine Infinitivkonstruktion verwenden, die ein Nomen genauer definiert *(e.g. The stadium is the place to go on Saturday.)*.
Abschließend geben verschiedene Schüler einzelne Anweisungen wieder *(e.g. I enjoy watching football. … said the stadium was the place to go on Saturday.)*.

Tipps
- Mögliche Vorentlastung im Plenum: Die Lehrkraft fragt verschiedene Schüler nach ihren Vorlieben und gibt ihnen Empfehlungen mit einem Infinitiv, die an der Tafel festgehalten und erläutert werden.
- Wenn die Schüler noch nicht mit der indirekten Rede und dem *backshift* vertraut sind, kann die abschließende Plenumsphase gänzlich im *simple present* erfolgen.

We'd like to have the best party

Situation

Your friends and you want to organize a party for Saturday and you meet to talk about your ideas about the food, drinks, music and games for the party.

Task 1: *Use your exercise book and write down at least two wishes for each category (food, drinks, music and games) that you have for your party on Saturday. Here are some ideas but you can also write down your own ideas.*

blind man's buff (blinde Kuh) | pot hitting (Topfschlagen) | spin the bottle (Flaschendrehen) | truth or dare (Wahrheit oder Pflicht) | can knockdown (Dosenwerfen) | Guess who? (Wer bin ich?) | pantomime | SingStar | Taboo | pizza | crisps | sweets | lemonade | cocktails | DJ | pop music | hip-hop

Task 2: *Discuss your ideas from task 1 in your group. Use* ***would + love/prefer/like/hate + to-infinitive!*** *Decide on two ideas for each category that you would like to have for your party. Write them down in the table. Read the example before you start.*

CAREN: I'**d like to play** SingStar at our party. What do you think about that?

FRED: That's a great idea! I'**d love to play** SingStar.

COLIN: I don't think that this is a good idea. I'**d hate to sing**. I'**d prefer to play** blind man's buff.

ALEX: I'**d also like to play** SingStar. It's three to one so I think we should play SingStar. But I'**d hate to play** blind man's buff. It's childish.

Category	Ideas
food	
drinks	
music	
games	

Task 3: *Present your ideas to the class. Try to convince the others that your party is going to be the best party.*

ISBN 978-3-12-505706-7

Hard to decide – cards

learn a foreign language	read books	learn swimming
wear a school uniform	use a smartphone	have your own computer
chat with Facebook friends	watch TV	help other people

ISBN 978-3-12-505706-0

Hard to decide – cards

learn a foreign language	read books	learn swimming
wear a school uniform	use a smartphone	have your own computer
chat with Facebook friends	watch TV	help other people

ISBN 978-3-12-505706-7

Hard to decide

Task: *Talk about arguments for and against the topics on the cards. Use **adjectives + infinitives**. Read the example below before you start.*

Question: What do you think about playing an instrument?

LYDIA: *I think it is **important to play** an instrument because you can play for your family.*

JAMES: *I agree with you. I also think that it is **fun to play** in a band.*

CAROL: *But on the other hand an instrument is **hard to learn**.*

JAMES: *That's true. But you can be **proud to play** an instrument.*
*I think it's **stupid not to play** an instrument.*

CAROL: *Ok. Are there any other aspects? Shall we go on with the next question?*

easy | difficult | hard | impossible | important | proud | right | wrong | clever | silly | stupid | nice | good | bad | fair | unfair | annoying | expensive | cheap | dangerous

ISBN 978-3-12-505706-0

KV 29

Hard to decide

Task: *Talk about arguments for and against the topics on the cards. Use **adjectives + infinitives**. Read the example below before you start.*

Question: What do you think about playing an instrument?

LYDIA: *I think it is **important to play** an instrument because you can play for your family.*

JAMES: *I agree with you. I also think that it is **fun to play** in a band.*

CAROL: *But on the other hand an instrument is **hard to learn**.*

JAMES: *That's true. But you can be **proud to play** an instrument.*
*I think it's **stupid not to play** an instrument.*

CAROL: *Ok. Are there any other aspects? Shall we go on with the next question?*

easy | difficult | hard | impossible | important | proud | right | wrong | clever | silly | stupid | nice | good | bad | fair | unfair | annoying | expensive | cheap | dangerous

ISBN 978-3-12-505706-7

My VIPs

Task 1: *Use question words + infinitives and write about four very important people in your life. Use a different question word for each sentence. You can use the words from the boxes. Read the example below before you start.*

why | what | when | where | how

grandmother | uncle | mother | brother | best friend | teacher | coach | idol

show | tell | explain | teach | inform |

My grandmother is a VIP in my life because she shows me how to make tasty cookies.

____

____

____

____

____

Task 2: *Find partners and tell each other about the VIPs in your lives. Take notes on two VIPs in the table.*

Classmates	VIPs	Reasons

Task 3: *Find new partners and tell them about two classmates and their VIPs from task 2.*

ISBN 978-3-12-505706-7

Passive

1. What happens next? – Eine Kettengeschichte erzählen *(by-agent)*

10–15 min | KV 31

Practicing – Level 1

Group work

vrhbeph

Mittels des Passivs bilden die Schüler eine Kettengeschichte.

Die Schüler finden sich in Dreier- bis Vierergruppen zusammen und erhalten KV 31, aus der die Karten ausgeschnitten und verdeckt auf dem Tisch verteilt werden. Die Lehrkraft schreibt den Startsatz an die Tafel: *The mouse is sleeping in the grass.*
Die Lehrkraft demonstriert das Vorgehen anhand eines Beispiels. Sie zieht von einer Gruppe eine Karte *(e.g. bird, inform)* und bildet einen Anschlusssatz, wobei sie das Lebewesen aus dem Startsatz an der Tafel aufnimmt und das Lebewesen auf der gezogenen Karte als *by-agent* anfügt *(The mouse is informed by the bird.)* Sie zieht eine weitere Karte *(e.g. two foxes, wash)*, um erneut einen Satz zu formulieren *(The bird is washed by two foxes).*
Die Schüler bilden dem Beispiel folgend in ihren Gruppen eine Kettengeschichte im Passiv.
Der jeweils älteste Schüler in den Gruppen beginnt und dreht eine Karte um. Er bildet mit den Wörtern auf der Karte einen Anschlusssatz im Passiv. Im Uhrzeigersinn fährt der nächste Schüler fort. Schritt für Schritt entsteht eine Kettengeschichte, indem das Vorgängerelement immer erneut aufgegriffen und durch ein neues Element ergänzt wird.
Die Übung endet, wenn keine Karte mehr für einen Anschlusssatz übrig ist.

Tipps

- Die Übung kann im *simple past (The mouse was sleeping in the grass.)* oder im *will future (… will be sleeping …)* mit neu gemischten Karten wiederholt werden.

Differenzierung

- Die Übung kann (insgesamt oder differenzierend) als Gedächtnisspiel umgesetzt werden. Dazu müssen die Schüler die bisherigen Sätze wiederholen, bevor sie einen neuen Satz anfügen.
- Schnellere und stärkere Schüler können sich eigene Anschlussätze ausdenken und anfügen.

2. Ways of life – Lebensweisen (*simple present,* Aussagesätze)

70–90 min | KV 32–36

Practicing – Level 3

Group work

Cultural studies
Reading comprehension

Die Schüler verwenden das Passiv, um sich gegenseitig über Lebensweisen in englischsprachigen Ländern zu informieren.

Die Klasse wird in Ländergruppen von fünf bis sechs Schülern aufgeteilt (z. B. AAAAA, BBBBB, CCCCC, DDDDD, EEEEE).
In **Phase 1** (10–15min) erhält jede Gruppe ein Land und jeder Schüler bekommt eine entsprechende KV (KV 32 bis 36). Die Schüler bearbeiten den Task. Jedes Gruppenmitglied übernimmt einen Lebensbereich und macht sich zu diesem in sein Heft Notizen im Passiv.
Die Schüler tauschen sich in **Phase 2** (10 min) innerhalb ihrer Gruppen anhand ihrer Notizen über die Lebensweisen in ihrem Land aus.

Für **Phase 3** (10–15min) schließen sich die Schüler aus jeder Ländergruppe gemäß ihrem in Phase 1 bearbeiteten Lebensbereich zu neuen Lebensbereichsgruppen zusammen (ABCDE – *food*, ABCDE – *language*, ...). In größeren Klassen können aus Ländergruppen auch zwei Mitglieder in einer Lebensbereichsgruppe vertreten sein (z. B. ABCDEE). Die Gruppen tauschen sich über die Lebensweise in den einzelnen Ländern aus.
In **Phase 4** (30–40min) stellen die Gruppen dem Rest der Klasse nacheinander vor, wie sich ihr Lebensbereich in den verschiedenen Ländern auf der Welt gestaltet.

Tipps

- Weisen Sie Ihre Schüler vor jeder Phase erneut darauf hin, dass sie das Passiv verwenden sollen, um sich über die Inhalte auszutauschen.
- Die Übung kann um Phase 3 verkürzt werden, indem die Gruppen in Phase 4 ihre Inhalte aus Phase 2 vorstellen. Dies führt allerdings zu kommunikativen Verlusten.
- Phase 4 kann entfallen, wobei den Schülern dann einige Informationen vorenthalten werden.
- Die Präsentationsphase 4 kann mit visueller Unterstützung als *gallery walk* gestaltet werden. In diesem Fall bereiten die Schüler in ihren Gruppen entweder einen Länderstand (Phase 2) oder einen Lebensbereichsstand (Phase 3) vor (Plakate, Bildrecherche, etc.). Die eine Hälfte der Gruppenmitglieder begibt sich auf den Rundgang, um an den einzelnen Ständen etwas zu erfahren, die andere Hälfte bleibt an den Ständen zurück und informiert die Interessenten der anderen Gruppen. Nach 15–20 Minuten tauschen die Rollen.

Differenzierung

- Schnellere Schüler in Phase 1 können die Texte zu den restlichen Lebensbereichen lesen und sich einzelne Informationen dazu notieren, die sie im Gruppengespräch ggf. ergänzen.

KV 37–39 | 35–40 min

3. Flea market – Verkaufsgespräche (*simple past*, Fragen und Aussagesätze)

Practicing – Level 2

Pair work

Market place

vrhbeph

Die Schüler verwenden in einem Rollenspiel das Passiv, um Informationen über einen Verkaufsgegenstand zu erfahren und zu benennen.

Als Einstieg in die Übung fragt die Lehrkraft die Schüler nach ihren Erfahrungen mit Flohmärkten *(e.g. Have you ever been to a flea market? What is it like there?)*, um zu **Phase 1** hinzuführen, in der die Schüler auf KV 37 die angegebenen Fragen für Verkaufsgespräche auf Flohmärkten übersetzen. Die Lösungen *(What about ... €?, Has it ever been damaged?, How much is it?, When was it bought?, Was it used often/ frequently?, By whom was it repaired?, Has anything been changed?)* werden im Plenum zusammengetragen, sodass jedem Schüler für die Verkaufsgespräche korrekte Fragen zur Verfügung stehen.
Die Klasse wird in **Phase 2** in Paare aufgeteilt. Bei ungerader Schülerzahl kann eine Dreiergruppe gebildet werden. Jedes Paar erhält eine Verkäuferkarte von KV 38 bzw. 39. Die Schüler bereiten sich in dieser Phase mit ihrem Partner auf die folgenden Verkaufsgespräche vor, indem sie sich gemäß der Fragen aus Phase 1 zu ihrem Produkt im Passiv Notizen in ihre Hefte machen (z. B. zum Fahrrad: *was bought in 2009, was painted blue, was broken and repaired in 2014, was used very often*). Anschließend simulieren sie mit ihrem Partner ein Verkaufsgespräch.

In **Phase 3** schlüpfen die Partner in verschiedene Rollen. Ein Partner übernimmt in der ersten Runde die Verkäuferrolle, der andere Partner stellt einen potentiellen Käufer dar. Das Klassenzimmer wird zu einem Marktplatz umgeräumt und die Paare werden aufgelöst. Die Verkäufer stehen an ihren Ständen, um ihre Produkte vorzustellen. Die Käufer gehen von Stand zu Stand und fragen, was verkauft wird. Sie erfragen (wie in Phase 2 mit ihrem Partner geübt) gemäß der Leitfragen aus Phase 1 verschiedene Informationen. Nach ca. 10–15 Minuten wechseln die Rollen für die zweite Runde.
In **Phase 4** begründen die Schüler im Plenum, welches Produkt sie kaufen würden.

Tipps
- In Anschluss an Phase 2 kann die Lehrkraft exemplarisch ein Verkaufsgespräch mit einem guten Schüler simulieren. Weisen Sie die Schüler vor Phase 3 noch einmal darauf hin, für das Gespräch das Passiv zu nutzen.

- Sichere Schüler können sich weitere Produktinformationen im Passiv ausdenken, die sie zusätzlich an die Interessenten weitergeben.

Differenzierung

4. Predictions – Unsere Zukunft *(will future)*

20–25 min

Practicing – Level 2

Milling around

Die Schüler benutzen das *will-future passive*, um Vorhersagen, wie die Schule in der Zukunft sein wird, zu formulieren.

Die Lehrkraft richtet an die Klasse die These: *In a hundred years pupils will be taught by robots.* Sie lässt die Schüler per Handzeichen abstimmen *(Yes, I think this will happen. / No, I don't think this will happen.)*. An der Tafel gibt sie dabei folgende Struktur vor, die die Schüler in ihre Hefte übernehmen:

Will this happen?

Prediction	Yes	No
1) In a hundred years pupils will be taught by robots.	IIIII II	IIIII IIIII III

Die Schüler notieren sich in Einzelarbeit drei weitere Thesen in ihre Tabellen. Mit diesen Thesen begeben sie sich auf das Forum, um die Wahrscheinlichkeitseinschätzung ihrer Mitschüler zu erheben. Auf dem Forum bilden sich wechselnd neue Paare. Die Partner lesen sich abwechselnd ihre Thesen vor und antworten zustimmend mit: *„Yes, I think this will happen."* oder ablehnend mit *„No,I don't think this will happen."*. Sie vermerken die Antworten durch einen Zählstrich in der jeweiligen Spalte.
Nach fünfzehn Minuten stellen die Schüler die Befunde zu einzelnen Thesen im Plenum vor *(e.g. My prediction was: In a hundred years pupils will be taught by robots. Seven classmates said this will happen and twenty-three classmates said this won't happen.)*.

Tipps
- Je nach Leistungsstärke der Klasse kann die Lehrkraft einige Verben als Impulse an der Tafel vorgeben: *forbid, legalize, clean, show, visit, cook, eat, use, write, sell, play, drive.*
- Im Vorfeld kann Übung 1 *What happens next?* im *will future* durchgeführt werden.

30–35 min

Practicing – Level 3

Group work

5. Time for a change – Wünsche und Forderungen *(passive infinitive)*

Die Schüler benutzen das Passiv, um Änderungswünsche für ihre Schule zu artikulieren.

Im Plenum wird die Struktur *(modal auxiliary/substitute + be + past participle)* an einem Beispiel *(e.g. The food must be improved.)* wiederholt. Dabei werden für diese Übung relevante modale Hilfsverben *(must, need to, should, have to)* an der Tafel gesammelt.
Die Schüler finden sich in Vierer- bis Fünfergruppen zusammen und überlegen sich in **Phase 1** (ca. 10–15 min) gemeinsam mindestens sechs Wünsche und Forderungen für Veränderungen an ihrer Schule, die sie der Schulleitung mitteilen möchten. Sie benutzen dazu den *passive infinitive.* Ihre Forderungen halten sie in ihren Heften fest.
In **Phase 2** stellen die Gruppen ihre Änderungswünsche im Plenum vor. Nachdem eine Gruppe ihre Wünsche kundgetan hat, stimmen alle Schüler der Klasse über den besten Änderungsvorschlag ab, einzelne Schüler begründen ihre Entscheidung. Den angenommenen Vorschlag aus einer Gruppe hält die Lehrkraft als Notiz an der Tafel fest. Haben alle Gruppen ihre Wünsche präsentiert, wählt die Klasse per Abstimmung aus der Liste an der Tafel zwei Forderungen zur Weitergabe an die Schulleitung aus.

Tipps

- Heizen Sie die Stimmung zu Beginn der Übung ruhig etwas an. Machen Sie den Schülern klar, dass es nun in Ihrer Hand liegt, all die Dinge, die sie stören und die sie schon immer verändern wollten, zum Ausdruck zu bringen. Die Schüler sollten von Beginn der Übung an darüber aufgeklärt sein, dass am Ende eine Abstimmung durch das Plenum erfolgt.

Differenzierung

- Schnellere Gruppen notieren mehr als sechs Wünsche.

What happens next?

– bird – **inform**	– cats – **catch**	– two foxes – **wash**
– two wolves – **eat**	– whale – **watch**	– tiger – **carry**
– thirty ants – **pick up**	– monkey – **steal**	– eagle – **see**
– two elephants – **invite**	– three aliens – **kidnap**	– ghost – **interview**
– two women – **buy**	– hippo – **hurt**	– three boys – **sell**
– owl – **teach**	– old lady – **phone**	– four rabbits – **hear**

ISBN 978-3-12-505706-7

Life in Australia

Task: *Read the text on your area of life and take notes in your exercise book. Use the passive voice as shown in the example below.*

A range of different foods **can be found** in Australia.

Food

In Australia you can find a range of different foods. A lot of people know Australia for the bush tucker. This is native Australian food. A lot of Australians love kangaroo and crocodile. You can buy kangaroo at Australian supermarkets and local restaurants often serve crocodile. Some people prefer fish which you can find on markets and in supermarkets. Younger Australians especially eat a lot of fresh vegetables. Modern chefs make food with less salt, fat and meat. On the other hand, a lot of Australians still enjoy the cheese and bacon roll.

Leisure

A lot of Australians spend their free time watching TV, listening to music or playing video games. Some prefer going to the theatre or to concerts. Australians also love sports. The British brought cricket, rugby and football when they colonized the island. For football, the Australians invented some special rules. Teams play football in the Australian Football League and cricket in the Sheffield Shield. A lot of Australians also follow the rugby matches of the National Rugby League. Most Australians enjoy these sports more than soccer.

Music

Music is very important for the Australian culture and Australians really enjoy their music. The native Aborigines have been playing their traditional music for tens of thousands of years. Almost everybody knows their traditional wooden wind instrument, the didgeridoo, which is similar to a natural wooden trumpet. People from all over the world buy this instrument at local stores. Some citizens listen to Australian folk and country music. Of course country musicians play the guitar. Others prefer modern pop and rock music and listen to famous Australian musicians like AC/DC and Kylie Minogue.

Style

Australians choose their clothes according to their region and activities. They wear bush wear, made of tough cotton, or jeans in the outback. Some prefer shorts. A lot of Australian men who work in the outback also wear coats or vests. And they love hats, belts and boots. In the big cities citizens buy modern western clothing and brands. People from all over the world recognise Australian fashion by the motifs. Some brands use designs of the Aborigines and print native graphics and symbols on some products.

Language

The nation doesn't use a specific language as the national language. But most Australians speak English. Rarely you can hear Mandarin, Arabic and Italian. In the past the Aborigines spoke between 350 and 400 languages. Nowadays, the Australian natives use only 60 of these languages. Some people speak Arrernte in the north and others still use Tiwi on the Tiwi Islands. When people write in Arrernte, they add an "e" at the end of every word.

ISBN 978-3-12-505706-7

Life in India

Task: *Read the text on your area of life and take notes in your exercise book. Use the passive voice as shown in the example below.*

*Indian food **is enjoyed** because it's spicy.*

Music

People in India listen to a variety of music styles and genres. People who like traditional Indian music enjoy Hindustani and Carnatic. Indians have been listening to these music styles for thousands of years. Performers of these styles use traditional instruments. For example, the musicians play the sitar and the sarod (string instruments that look a bit like guitars) and the violin. But Indians also love pop music. Many inhabitants listen to filmi, a famous form of Indian pop music that people around the world know from Bollywood films.

Style

Most people in the world know Indian clothing for the colourful dresses of the women. A lot of them wear traditional silk saris, whereas men traditionally wear dhoti, a white piece of cloth made of cotton. The Indians follow colour codes. For example, Hindu women wear white clothes when they are in mourning. In contrast, Christian women wear white to weddings. Especially in the big cities young people love western clothing from the USA or Europe. And some western people buy saris because they love the material and the colours.

Leisure

A lot of Indians enjoy singing and dancing. Most Indians love it. Cricket is India's most popular sport. This is a bat-and-ball game and the two teams play it on a cricket field. More and more citizens play hockey or follow hockey matches on TV. Indian hockey players have won eight Olympic gold medals up to 2016. The Indians also invented chess in around the fourth century. But a huge number of citizens watch TV. And a lot of people spend a long time on the internet. Leisure is becoming more and more passive.

Food

A lot of people enjoy Indian food because of the herbs and spices. For example, Indians appreciate the Bengali cuisine which uses sweet and spicy flavours. Indians enjoy vegetables. You can find vegetarian food especially in Gujarat, an Indian state. In the south of India people eat more rice. A dish that people buy all over the world is Biryani. It is based on rice and the Indians cook it with different spices, notably saffron. People in Europe can buy it in almost every Indian restaurant. They often serve it with chicken.

Language

The Constitution of India doesn't give any language the status of national language. In India you can hear hundreds of different languages. Most inhabitants speak English. People use it especially in higher education. But a lot of Indians speak Hindi. You can also find a huge number of citizens who speak Bengali, Telugu and Tamil. A lot of people write texts in Devanagari script. It looks totally different from the German Latin alphabet so most tourists can't read the texts.

ISBN 978-3-12-505706-7

Life in Nigeria

Task: *Read the text on your area of life and take notes in your exercise book. Use the passive voice as shown in the example below.*

Spicy sauces **are enjoyed** in Nigeria.

Food

Most people enjoy the sauces that Nigerians make with palm oil, spices and herbs. A lot of Nigerians like very hot food, for which they use chili peppers. Nigerians eat a lot of rice and beans. They use meat in most dishes. Nigerians love hot and spicy soups. South Nigerian chefs sell banga, a palm fruit soup, whereas in northern parts of the country you can buy miyan kuka, a soup chefs make from leaves from the baobab tree and from the okra plant.

Language

In Nigeria you can find about 500 languages. Nigeria uses English as its official language. The colonists brought the English language to Nigeria in the second half of the 19th century. But especially in rural areas, Nigerians use other languages for communication such as Hausa, Igbo and Yoruba. You can find native speakers of Hausa in the north of Nigeria. But people in other African countries also use Hausa as a trade language, for instance in Ghana, Cameroon and Togo. For written language, most Africans use boko, a special Latin alphabet.

Leisure

Nigerians love football. Top Nigerian teams play football in the Nigerian Premier League. People around the world know Nigeria's national football team as the *Super Eagles*. The team has even taken part in the World Cup in the past. FIFA regularly ranks the Nigerian national team as one of the top football teams in Africa. Nigerians also enjoy basketball, cricket and boxing. A lot of Nigerians don't own a TV so they often get together to watch sports matches.

Music

In Nigeria you can find a variety of folk and pop music. Nigerians play their traditional music for rituals like weddings or funerals. They also use music for religious rituals. Some Nigerians believe that Bori music has spiritual power. They play it to reach a state of ecstasy and to communicate with spirits. Traditional musicians mostly use a variety of drums. An important aspect of traditional music is that the people sing during the rituals. But Nigerians also produce music that people enjoy all over the world, for example reggae and hip hop.

Style

There are a lot of Nigerians who are very poor and can't afford new clothing. They often wear cheap or second hand clothes. However, people around the world love Nigerian traditional clothing. In some areas Nigerians wear traditional clothing on a daily basis. In other areas the people wear traditional clothing only for special festivals. These clothes are very bright and colourful. Some Nigerians buy expensive clothes and use them to show their social status. But some Nigerians prefer western clothing, especially in the south of the country.

ISBN 978-3-12-505706-7

Life in the United Kingdom

Task: *Read the text on your area of life and take notes in your exercise book. Use the passive voice as shown in the example below.*

The British breakfast ***is enjoyed*** *all over the world.*

Food

People from all over the world enjoy the British breakfast with bacon, eggs, baked beans, and toast. Some chefs also serve sausages and mushrooms. Busy British employees prefer a quick lunch. They buy a sandwich or fish & chips, or they eat a salad or a baked potato with cheese and beans. The British love their Sunday dinner. It includes meat with some sides and a dessert. Pubs also sell these traditional dinners. They often serve roast beef with mashed potatoes and vegetables. But the British also eat Indian food. You can find chicken tikka masala in almost every city.

Language

A lot of people in the world speak English and a lot of countries use it as their official language. In the United Kingdom you can find eleven indigenous languages and dialects such as Scots and Welsh. On the Isle of Man some people still speak the traditional local language Manx, but official English endangers such local dialects. In the streets of cities you can also hear languages from South Asia and Eastern Europe. But the majority of citizens speak English.

Style

Although most British people usually wear clothes that are much the same as the people around you wear, you can find a variety of interesting, typical clothing styles in the UK. Very traditional people wear British country clothing for outdoor activities such as fishing, gardening and picnics. A typical element of this traditional style for men is the tweed jacket. When you visit the Highland Games, a traditional Scottish sports event, you will see many Scottish men wearing a kilt, which actually is a skirt. For special events like weddings or horse races women buy very expensive hats, and some of these hats are enormously big. Most British people like to dress up when they go to a restaurant or to the theatre. They wear smart clothes then. Men wear suits and women wear blouses and skirts.

Leisure

British people enjoy a lot of things. Some love the theatre, and others visit their local pub almost every evening. The British also enjoy reading at home or in libraries. And they love sports. There are a lot of sports that the British invented such as rugby, cricket, golf, tennis and hockey. A lot of people do some sort of sport. Some play rugby, others prefer rowing, but most of them enjoy football. However, government statistics show that most citizens prefer watching TV.

Music

Music is an important part of British culture. The nation is home to bands like The Rolling Stones and The Beatles. People from all over the world listen to British musicians like Snow Patrol or James Blunt. And a lot of people also love Scottish folk music. Scottish musicians most importantly play the bagpipes and the fiddle, the flute, and the harp. Music stores in almost every city in the world sell music by British artists and people from all over the planet buy it.

ISBN 978-3-12-505706-7

Life in the USA

Task: *Read the text on your area of life and take notes in your exercise book.
Use the passive voice as shown in the example below.*

Sushi, chicken masala and fried noodles ***are served*** *in Asian restaurants.*

Leisure

Most Americans work more than 45 hours a week, so a lot of them don't have much time left for leisure. Americans love sports. A lot of children, teenagers and adults play baseball and basketball. The Americans developed baseball in colonial times and basketball in the late 19th century. Ice hockey is very popular, too. But most Americans enjoy (American) football. Millions of fans follow football matches on TV. Americans watch TV a lot. A Harris Interactive poll from 2013 found that 38 % of the inhabitants between the age of 18 and 36 watch TV as their favourite leisure activity, 18 % do sports and 16 % play on the computer.

Food

People from all different backgrounds live in the USA, so there is a great variety of restaurants. Asians run Asian restaurants and serve sushi, chicken masala and fried noodles. Mexican restaurants sell beans, spiced chicken and tortillas. Original American restaurants are called diners. You can buy pancakes for breakfast or you can eat burgers or macaroni and cheese. Many Americans also love a traditional barbecue at home, an American specialty. At a barbecue they eat steaks and ribs with spicy sauces. The adults drink beer, the kids have soda.

Language

Most people speak English but, being a nation of people with different backgrounds, the inhabitants of the USA speak several languages. Tourists can hear almost every language in the world in the USA. Some findings say that the American population speaks more than 300 languages. A lot of US citizens speak Spanish, and, when you walk through the big cities, you also hear German, Italian, Arabic and Asian languages. Native Americans also use their traditional languages.

Music

The music reflects the multi-ethnic population of the USA. Irish, African and Mexican music still influence the music of the USA. We find a variety of styles such as jazz, blues, hip hop and rock and roll. A lot of people love American folk music. This is what we call traditional American music. For example, some listen to country music, others prefer gospel music. These days a growing number of people enjoy the Native American music.

Style

Clothing style varies by region. A lot of Americans wear jeans, sneakers and baseball caps. Some love cowboy hats and boots, especially in rural areas like Texas and Arizona. In Florida, a warm region, most people wear shorts and wide shirts or tops. Celebrities from the entertainment industry strongly influence the style of young Americans. Calvin Klein, Ralph Lauren and Levi Strauss are American brands that produce clothes for people all over the world. Some people also buy Native American clothes, for example tunics.

ISBN 978-3-12-505706-7

Flea market – Customers' phrases

ISBN 978-3-12-505706-7

Flea market – Vendors' cards – Part 1

You bought your bike in 2009. It was red but a few years later you painted it blue. In 2014 the bike broke and your older brother repaired it. You used the bike nearly every day.	You bought your Play Station in 2013. One controller was damaged but the Play Station Store repaired it. You played for many hours every weekend and you put some stickers on it.
Your grandparents gave you the chessboard for your tenth birthday but you didn't play often. The King broke and your sister fixed it with glue. You coloured the white board squares orange.	The CD-Player was a gift for your ninth birthday. You listened to it every evening. You broke off the antenna and your mother lost it. You wrote your name on the player in big blue letters.
You bought the smartphone two years ago and you used it every day. You broke it when you dropped it. Your little sister put two big glitter stickers on the back.	Your parents gave you the scooter for your ninth birthday. You rode it to school nearly every day for four years. A wheel broke but a professional mechanic repaired it. You painted blue stripes on it.
Your parents bought this school bag three years ago and you used it every day. You damaged the zipper a few months ago and a tailor repaired it. Your friends wrote some greetings on it.	You bought the LEGO castle at the age of ten and you played a lot with it. You broke some of the knights' swords but your brother fixed them with glue. You changed the colour of the walls to black.

ISBN 978-3-12-505706-7

Klett

Flea market – Vendors' cards – Part 2

Your sister gave you the basketball last Christmas. You and your friends played a lot with it. A friend damaged it but your father fixed it. You drew some beautiful pictures on it.	Your grandparents gave you the Kids' Camera for Christmas two years ago and you took a lot of pictures in the last years. Your little sister damaged it last month but a camera store repaired it. You put some stickers on it.
You bought the two water guns three years ago and you and your friends used them every summer. A friend of yours damaged the yellow one but he repaired it. You wrote your name on the green water gun.	You collected toy cars in the past and you played with them a lot. You also crashed them so some of them are a little bit damaged. Your father fixed some cars with glue. You put different wheels on some of them.
Your parents gave you the slot car racing track for your eleventh birthday. You and your friends played a lot with it. You damaged two of the three cars so you bought two new ones. You painted one car pink.	Your aunt and uncle gave you the Barbie dream house for your tenth birthday. You played with it a lot. Your older brother broke two cupboards but he fixed them. You exchanged the bed with another one.
You bought the Playmobil farm six years ago and you and your sisters played with it a lot. You stepped on two cows and broke their tails. You bought some more sheep and added them to the farm.	Your grandparents bought the children's kitchen for your eighth birthday. You used it very often. You broke two pans but your uncle fixed them with glue. You didn't like the colour of the cups so you painted them yellow.

ISBN 978-3-12-505706-7

Conditionals

1. You will enjoy! – *Conditional I* im Kontext

KV 40 – 48
70 – 90 min
Practicing – Level 2

Die Schüler setzen den *conditional I* in persuasiven Werbegesprächen gezielt ein.

Group work
Market place

Cultural studies
Reading comprehension

vrhbeph

Phase 1 wird mit einem kurzen Plenumsgespräch eröffnet, in dem die Schüler mitteilen, wo sie gerne einmal ihren Urlaub verbringen möchten.
Die Lehrkraft teilt den Schülern das Ziel der bevorstehenden Übung mit, in der die Schüler Informationsstände zu verschiedenen englischsprachigen Ländern vorbereiten, um bei ihren Mitschülern dafür zu werben, dort einen Urlaub zu verbringen.
Für **Phase 2** bilden sich Vierergruppen und jeder Gruppe wird ein Land zugeordnet. Die Gruppen erhalten ihr jeweiliges Landespaket (eine der KVs 40–47 sowie die entsprechenden Bildmaterialien (online Link)) und je ein leeres Plakat, und jeder Schüler bekommt KV 48 als Laufzettel. Die Schüler extrahieren in Task 1 und Task 2 die wichtigen Informationen aus ihren Texten und gestalten mithilfe der Bilder und unter Verwendung des *conditional I* ihre Plakate.
In **Phase 3** (Task 3) werden im Klassenzimmer Tische und Stühle geräumt, sodass der Marktplatz entsteht. Zwei Schüler jeder Gruppe gehen (jeder für sich) los, um sich an den einzelnen Ständen darüber zu informieren, was sie in den Ländern erleben werden, wenn sie dorthin reisen. Sie führen dabei ihren Laufzettel (KV 48) mit, auf dem sie sich über das jeweilige Land Notizen machen. Die an den Ständen zurückgebliebenen Schüler werben bei den Interessenten für ihr Land, indem sie unter Verwendung des *conditional I* berichten, was man in ihrem Land machen kann. Nach ca. 15 Minuten wechseln die Rollen und die Schüler, die bisher an den Ständen für ihr Land warben, machen sich als Interessenten auf den Weg zu den anderen Ständen. Die anderen Schüler übernehmen jetzt die Rolle der Werbenden an ihren Ständen. So können sich am Ende alle Schüler für ein Land entscheiden, in das sie gerne reisen möchten.
Um ihre Entscheidungen zu besprechen, kehren die Schüler in ihre Gruppen zurück und teilen unter kausalem Gebrauch des *conditional I* ihr Wunschreiseziel mit.
In der abschließenden **Phase 4** teilen einzelne Schüler im Plenum mit, wohin sie reisen möchten und begründen ihre Entscheidungen mit dem *conditional I* *(e.g. I would like to visit Australia because I will see kangaroos if I go there.)*.

Tipps

- Die Übung kann auch in Einzelstunden durchgeführt werden (1. Stunde Vorbereitung, 2. Stunde Durchführung des *market place*).
- Die benötigten Materialien (Landespakete, Plakate, Stifte, Klebestifte) stellt die Lehrkraft zur Verfügung. Alternativ können Bilder zu den Ländern von den Schülern recherchiert werden.
- Weisen Sie Ihre Schüler darauf hin, dass eine ansprechende Gestaltung des Plakats (Sauberkeit, Bilder, Farbgestaltung, Übersichtlichkeit, ggf. Zeichnungen) wichtig ist, um ein Land überzeugend darzustellen.
- Die Übung kann vom Zeitaufwand reduziert werden, indem die Schüler sie komplett in Gruppenarbeit durchführen. Jedes Gruppenmitglied extrahiert wichtige Informationen zu einem Land dann zunächst in Einzelarbeit und stellt sein Land im Anschluss den anderen Gruppenmitgliedern vor, von denen jedes eine Entscheidung trifft, nachdem jedes Gruppenmitglied sein Land vorgestellt hat.

2. Decisions – *Conditional II*

10–15 min | KV 49

Practicing – Level 2

Pair work

In verschiedenen Situationen nehmen die Schüler die Position einer anderen Person ein und äußern (im *conditional II*), wie sie handeln würden.

Die Schüler finden sich in Paaren zusammen und jedes Paar erhält KV 49, aus der es die Situationskarten ausschneidet. Die Karten werden gemischt und verdeckt auf dem Tisch verstreut ausgelegt. Im Plenum wird zunächst das Beispiel besprochen. Ein Schüler beginnt und zieht eine Karte. Er liest die Situation vor *(e.g. Ellen needs money for a new smartphone)* und formuliert eine entsprechende Frage an seinen Partner *(e.g. What would you do if you were Ellen?)* und der Partner antwortet *(e.g. If I were Ellen, I would look for a job to earn some money)*. Abwechselnd ziehen die Partner weitere Karten.
Es schließt sich eine kurze Plenumsphase an, in der die Lehrkraft einzelne Kärtchen zieht und den Schülern eine entsprechende Frage stellt.

Tipps:

- Die Übung kann in Lerngruppen, die mit dem *conditional II* schon vertraut sind, alternativ oder ergänzend als *3-step interview* umgestaltet werden. Die Schüler notieren sich (analog zu KV 49) in Einzelarbeit zwei selbst ausgedachte Situationen und Fragen, die sie im *milling around* ihren Mitschülern stellen. Die Antworten notieren sie sich und stellen sie einem Partner und abschließend im Plenum vor *(e.g. I told Tim that Ellen needs money for her new smartphone. If Tim was Ellen, he would look for a job to earn some money)*.

Alternativmethode: 3-step interview (Practicing – Level 3)

- Vor allem für schwächere Schüler kann die Lehrkraft weitere Situationen verwenden, die sich thematisch an den gerade behandelten Unterrichtsstoff anschließen.

Differenzierung

3. A deadly walk – *Conditional III*

25–30 min | KV 50

Practicing – Level 2

Group work

Reading comprehension

🌐 **vrhbeph**

Die Schüler benutzen den *conditional III*, um alternative Handlungsverläufe zu versprachlichen.

Die Klasse wird in Fünfer- bis Sechsergruppen aufgeteilt und jede Gruppe erhält KV 50. Die Karten werden ausgeschnitten und unter den Gruppenmitgliedern aufgeteilt.
In **Task 1** setzen die Schüler die Karten zu einer Geschichte zusammen. Der Schüler mit der Startkarte beginnt, liest die Karte vor und legt sie offen in die Tischmitte. Die anderen Schüler überlegen, ob sie eine passende Anschlusskarte haben. Sie lesen diese vor und legen sie an die Startkarte an, wenn alle Gruppenmitglieder einverstanden sind. So werden nacheinander alle Karten eingesetzt, um die Geschichte entstehen zu lassen.
In **Task 2** verwenden die Schüler den *conditional III*, um zu sagen, wie die Handlung anders hätte verlaufen müssen, damit es zu einem guten Ende gekommen wäre. Nacheinander wählen die Schüler eine beliebige Karte, ziehen sie aus der Geschichte heraus und bilden einen entsprechenden Satz *(e.g. If the snake hadn't bitten Mark, he wouldn't have been poisoned.)*.
Nacheinander nehmen die Schüler die Karten der Geschichte wieder auf die Hand, bis die Geschichte vollständig verschwunden ist.

Abschließend vergleichen die Gruppen im Plenum ihre Lösung zur Handlungsabfolge und einzelne Schüler wiederholen Task 2.

Tipps
- Für Task 1 finden die Schüler nützliche Phrasen auf ihren *practice phrases* (KV 56).
- Die Schüler können dazu angeregt werden, eine eigene Geschichte mit schlechtem Ende zu verfassen, um die Übung zu wiederholen.

Lösung
KV 50 – Task 1
(1) It was a nice summer day and Marc decided to go for a walk in the forest.
(2) On his way to the forest he met his friend Patti and he talked to her for half an hour.
(3) Patti told Marc that she had forgotten her smartphone. So Marc decided to lend her his phone.
(4) Marc said goodbye to Patti and went on. An hour later he heard a bird singing beautifully.
(5) He left the path in the wood to search for the bird.
(6) He found the singing animal. It was sitting high up in a tree so Marc couldn't see it.
(7) Marc decided to climb the tree. But after two metres he fell down.
(8) He hurt his knee. He wasn't able to walk very fast so he limped on slowly.
(9) He wanted to find the path again, but instead he walked deeper and deeper into the forest.
(10) Marc had got lost and he was getting really tired and was not paying attention where he went.
(11) That's why he didn't see the snake in front of him and stepped on it.
(12) The snake got aggressive and bit Marc on his leg.
(13) Marc ran away so his heartbeat got faster. But this made the poison spread through Marc's body faster.
(14) Marc felt the effects of the poison and his knee still hurt, so he decided to sit down on a rock for a moment.
(15) Sitting on the rock, Marc got more and more tired. Soon he slid off the rock, hurt his head and became unconscious.
(16) Night came and Marc was still lying on the ground unconscious when a poisonous spider crawled under his shirt.
(17) A few minutes later a little branch fell down on Marc's shirt right where the spider was. It got scared and bit Marc.
(18) The poison of the spider was very strong and the snake's poison was still in his veins – so Marc died.

KV 51 | 15–20 min

Practicing – Level 3

Tandem

Mediation

4. It would be different now – *Conditional I, II, III, Mischform II + III*

Die Schüler verwenden die *conditionals*, um Bedingungen und Folgen in einem Telefongespräch zu besprechen.

Die Schüler finden sich in Paaren zusammen und erhalten KV 51, die einmal gefaltet wird. Partner A beginnt mit der Begrüßung, Partner B korrigiert oder ergänzt bei Bedarf dessen Äußerung und fährt mit seinem Teil fort.

Im Plenum kann ein Schülerpaar den Dialog vorführen und die jeweils verwendete Form des *conditional* wird kurz erläutert.

Tipps

- Vor Übungsbeginn sollte die Lehrkraft im Plenum die einzelnen Bildungs- und Gebrauchsweisen der *conditionals* wiederholen lassen. Dabei sollte gesondert auf die Mischform von *conditional III* mit *conditional II* hingewiesen werden, die genutzt wird, wenn eine nicht mehr erfüllbare Bedingung Folgen für die Sprechgegenwart hat *(e.g. If Mike hadn't fallen from the tree, he would not be in the hospital now)*. Es kann auch mit Blick auf die abschließende Plenumsphase der Übung hilfreich sein, die Regeln an der Tafel festzuhalten (siehe Schaubild unten).

Differenzierung

- Schnelle Schüler können die Rollen tauschen und in einem weiteren Durchgang die Grammatik einüben und festigen. Dabei können sie auch verstärkt auf die darstellerische Umsetzung ihrer Rollen achten.

Conditional sentences

The **condition** is …

realistic
(can be fulfilled)

Type I

if clause:
simple present
main clause:
will-future

If it rains, she will bring an umbrella.

unrealistic
(only theoretically or imagined)

Type II

if clause:
simple past
main clause:
would+infinitive

If you were a dog, you would love sausages.

no longer possible
(cannot be fulfilled because it is in the past)

Type III

if clause:
past perfect
main clause: **would + have + past participle**

If she had told me, I would have helped her.

Hybrid: Type II + III
(condition is not fulfilled but has consequences in the present)
if clause: **past perfect**
main clause: **would + infinitive**
If I had learnt an instrument, I would play in a band now.

You will enjoy Australia!

Task 1: *Read the text and highlight important information for your poster.*

Come and visit Australia!

Australia is a big island and a wonderful country where you will experience a lot of different things. Australia has many interesting cities. The biggest and most famous city is Sydney. A lot of tourists visit the world famous Sydney Opera House to listen to a concert. Another interesting place is the Australian Museum. There you can learn a lot about the history of Australia, for example, about the Aborigines, the original inhabitants of Australia. Fort Denison is also a famous sight. It was a prison in older days and visitors sometimes feel like prisoners in the dark tower. In Luna Park young people have a lot of fun. It is an amusement park with roller coasters and a big wheel. However, it is very noisy, so it is not open every day, but it is open on most weekends in the year. A lot of visitors come to Australia to see its nature and wildlife. It is a fantastic place to go hiking and you feel really free in the open country, for example, in the Blue Mountains National Park. In Australia you will find the famous kangaroos. Kangaroos are usually not very dangerous but there are some dangerous animals in Australia, for example, the Dingo, a wild dog. But much more dangerous are much smaller animals: spiders. One of the most dangerous spiders in the world is the redback spider and its bite can even kill humans. This spider can also kill snakes although it is much smaller than them. Tourists who see this animal feel really scared. A place that every visitor must go to is Ayers Rock, a fascinating red rock that is sacred to the Aborigines. Don't be afraid of the traditional Australian food. A lot of tourists taste the big witchetty grub and like it. Some inhabitants also eat crocodile and kangaroo meat.

9 **inhabitants** people who live in a country/city – 10 **sight** a place to see – 14 **roller coaster** Achterbahn –38 **sacred** heilig – 41 **witchetty grub** Witchetty-Made

Task 2: *Create your poster. Give information on what tourists will see if they go to your country. Use conditional I to talk about the information for your poster in your group, e.g. if you think that Sydney Opera House should be on your poster, you can say:*

If you visit Australia, you will see Sydney Opera House. I think this should be on our poster.

Task 3: *Tell your classmates about your country and try to persuade them to visit your country. Use conditional I to inform them about what they will see if they go to your country.*

If you travel to Germany, you will see a lot of different breads.
If you like skyscrapers, travel to Frankfurt.

Task 4: *Go back to your group and tell each other where you want to travel. Give reasons using the conditional I.*

I would like to travel to Germany because if I go there, I will taste a lot of different breads and I will see skyscrapers in Frankfurt. ...

ISBN 978-3-12-505706-7

You will enjoy Canada!

Task 1: *Read the text and highlight important information for your poster.*

Come and visit Canada!

Canada is a huge and fascinating country where you will see and experience a lot of interesting things. It is the second biggest country in the world. There are some interesting cities. The biggest city is Toronto. Most visitors go on the top of the CN Tower, a TV tower that is 553m high and was the highest building in the American continent at the time it was built. Visitors have an amazing view over the city from the top. The tower is near Lake Ontario. You can go on a boat and see the city from the lake. Tourists also love Casa Loma, a castle that was built in 1900 and is a museum and hotel today. Not far away from Toronto you can see the world famous Niagara Falls. Everybody who sees them feels totally thrilled. Back in Toronto you can visit a house with thousands of beautiful butterflies. However, Canada is most famous for its fantastic landscapes. Nature there is absolutely amazing. Tourists can go hiking in huge areas, for example, in the Jasper National Park. There are wonderful lakes and beautiful hills and mountains with a lot of wild animals like bears, wolves and deer. Canada has a lot of woods with good air where visitors feel free and relaxed. Nature is very important in Canada and one symbol of Canada is the maple leaf. In the north there is a lot of ice and if visitors are lucky, they can see polar bears. Along the coasts in the west and east big whales swim in the Atlantic and the Pacific Ocean. The Canadians eat a lot of fish and seafood. A famous Canadian dish is Poutine, which is French fries with cheese and gravy. Some people also eat it with bacon. Nanaimo bars are very popular, this is a super sweet dessert with chocolate, vanilla pudding and cookies. Another speciality of Canada is the world famous ice wine.

34 **maple leaf** *Ahornblatt* – 38 **seafood** *Meeresfrüchte* – 40 **gravy** a brown sauce for meat

Task 2: *Create your poster. Give information on what tourists will see if they go to your country. Use conditional I to talk about the information for your poster in your group, e.g. if you think that the CN Tower should be on your poster, you can say:*

If you visit Canada, you will see the CN Tower in Toronto. I think this should be on our poster.

Task 3: *Tell your classmates about your country and try to persuade them to visit your country. Use conditional I to inform them about what they will see if they go to your country.*

If you travel to Germany, you will see a lot of different breads.
If you like skyscrapers, travel to Frankfurt.

Task 4: *Go back to your group and tell each other where you want to travel. Give reasons using the conditional I.*

I would like to travel to Germany because if I go there, I will taste a lot of different breads and I will see skyscrapers in Frankfurt. ...

ISBN 978-3-12-505706-7

You will enjoy England!

Task 1: *Read the text and highlight important information for your poster.*

Come and visit England!

England is a wonderful country where you will see and experience a lot of different things. It is part of the island of Great Britain and there are some very interesting cities. The most famous city is London. In London visitors can see many old buildings like the Houses of Parliament with Big Ben, The Tower and Tower Bridge, St. Paul's Cathedral and Buckingham Palace. However, London also has a lot of famous new, modern buildings, for example, The Shard, which is 310 meters high. Tourists can also go for a walk in Hyde Park, which is huge, or along the river Thames. There are a lot of nice cafés and restaurants that sell traditional English food like full English breakfast or fish & chips. And of course many tourists like to drink the famous English Earl Grey Tea. Another interesting city is Bath. In Bath there are a lot of very old buildings from the Roman period. For example, there is the antique Roman Baths museum that you can visit, and there is the modern Bath Spa where you can relax. However, England is not only famous for its cities. You will also find a beautiful landscape. People go hiking in the Lake District. You feel really free there. In summer many people go swimming in the South. It is a good idea to travel around the country to meet some original English people and talk to them. They love to talk about the weather or politics. The English are very friendly and sometimes they invite tourists that they haven't known before for a traditional dinner. But tourists must be careful when they walk in the streets or when driving a car because in England people drive on the left side of the road. Many visitors feel a little bit unsure because of this.

Task 2: *Create your poster. Give information on what tourists will see if they go to your country. Use conditional I to talk about the information for your poster in your group, e.g. if you think that Buckingham Palace should be on your poster, you can say:*

If you visit England, you will see Buckingham Palace in London. I think this should be on our poster.

Task 3: *Tell your classmates about your country and try to persuade them to visit your country. Use conditional I to inform them about what they will see if they go to your country.*

If you travel to Germany, you will see a lot of different breads.
If you like skyscrapers, travel to Frankfurt.

Task 4: *Go back to your group and tell each other where you want to travel. Give reasons using the conditional I.*

I would like to travel to Germany because if I go there, I will taste a lot of different breads and I will see skyscrapers in Frankfurt. ...

ISBN 978-3-12-505706-7

You will enjoy India!

Task 1: *Read the text and highlight important information for your poster.*

Come and visit India!

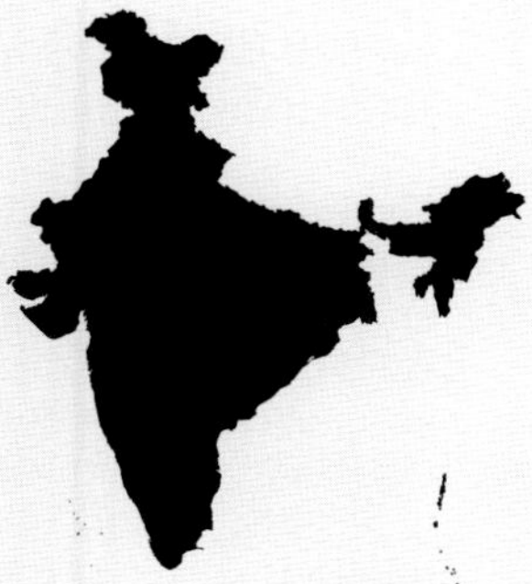

India is a huge and fantastic country where you will see and experience a lot of interesting things. Its culture is very different from the European culture and it is very interesting for visitors to see the cities and meet local people. India's biggest city is Mumbai with more than 12 million inhabitants. The streets there are full of people. It is very noisy and it smells completely different to Germany or other European countries. Tourists feel like they are in a completely different world. There are many interesting buildings, for example, Chhatrapati Shivaji Terminus which is a historical railway station. Most tourists want to go to a traditional market where the locals sell their traditional food like Rajma-Chawal (curried red beans), Vindaloo (curry with pork or chicken) and Bisi Bele Bath (rice and vegetables). It is a bit of an adventure to visit such a market because a lot of tourists don't know most of the things they find there. However, India also has an amazing wildlife. In the jungles visitors find tigers, crocodiles, wolves, snakes and spiders, but there are also animals that are not very dangerous, like monkeys and elephants. There are a lot of guided tours that take visitors through the country. Some tours also take visitors to see the original native Indians, the Adivasi. There visitors learn how these people live their traditional life. The most famous building in India is the Taj Mahal. It looks like a huge white palace but it is an enormous mausoleum. It was built between 1631 and 1648 and visitors really can feel the history. The weather in India sometimes is very hot and wet. Some tourists have problems with this weather and sometimes feel dizzy. Other people who have problems with hot weather often feel sick. No one who visits this country will ever forget this experience.

7 **inhabitants** people who live in a country/city – 12 **Chhatrapati Shivaji Terminus** [ˌtʃɑːtrəˈpʌti ʃɪvˈɑːdʒi ˈtɜːmɪnəs] – 15 **Rajma-Chawal** [ˌrɑːdʒmə ˈtʃɔːl] – 16 **Vindaloo** [vɪndəˈluː] – 17 **Bisi Bele Bath** [ˌbiːsɪ beˈleɪ ˈbɑːθ] – 28 **guided tours** *geführte Rundreisen* – 33 **native** *eingeboren (Ureinwohner)* – 36 **Taj Mahal** [ˌtɑːdʒ məˈhɑːl] – 37 **mausoleum** *Mausoleum,* monumentale Grabstätte – 41 **dizzy** *schwindelig*

Task 2: *Create your poster. Give information on what tourists will see if they go to your country. Use conditional I to talk about the information for your poster in your group, e.g. if you think that Mumbai should be on your poster, you can say:*

If you visit India, you will see Mumbai. I think this should be on our poster.

Task 3: *Tell your classmates about your country and try to persuade them to visit your country. Use conditional I to inform them about what they will see if they go to your country.*

If you travel to Germany, you will see a lot of different breads.
If you like skyscrapers, travel to Frankfurt.

Task 4: *Go back to your group and tell each other where you want to travel. Give reasons using the conditional I.*

I would like to travel to Germany because if I go there, I will taste a lot of different breads and I will see skyscrapers in Frankfurt. …

ISBN 978-3-12-505706-7

You will enjoy the Republic of Ireland!

Task 1: *Read the text and highlight important information for your poster.*

Come and visit the Republic of Ireland!

The Republic of Ireland is a wonderful country where you will see and experience a lot of different things. Many tourists come to visit Dublin, the most famous city in the country. There are a lot of young people from all over the world, especially students who study at Dublin's university, Trinity College. This is a very old university that was founded in 1592. There are a lot of beautiful old buildings everywhere in the city and visitors feel very intelligent just because they walk through the big library. And there are other interesting buildings in Dublin, for example the famous Ha'Penny Bridge from 1816. Tourists like to walk through St Stephen's Green Park and they enjoy it there because it is a quiet place in the middle of a big city. In Dublin many people go to pubs in the evening and they sometimes eat traditional Irish food like Boxty, which is a potato pancake, or Crubeens, which is boiled pig's feet. Of course Dublin is most famous for its traditional dark beer Guinness.

The Republic of Ireland also has a wonderful landscape. Many tourists go hiking in Glendalough, a beautiful valley with little churches and amazing lakes. The coast is also interesting, and the Cliffs of Moher are very beautiful. There are also ships that go along the coast so tourists can see the cliffs from the sea. A funny thing is that there are thousands of sheep all over the island. So tourists will surely see them and they sometimes meet a real Irish shepherd with his dog. An interesting traditional sport is Gaelic Football. Although it is called football, players are also allowed to carry the ball with their hands. It is a lot of fun.

15: **pub** *Kneipe* – 33: **shepherd** somebody who looks after the sheep

Task 2: *Create your poster. Give information on what tourists will see if they go to your country. Use conditional I to talk about the information for your poster in your group, e.g. if you think that Dublin should be on your poster, you can say:*

If you visit the Republic of Ireland, you will see Dublin. I think this should be on our poster.

Task 3: *Tell your classmates about your country and try to persuade them to visit your country. Use conditional I to inform them about what they will see if they go to your country.*

If you travel to Germany, you will see a lot of different breads.
If you like skyscrapers, travel to Frankfurt.

Task 4: *Go back to your group and tell each other where you want to travel. Give reasons using the conditional I.*

I would like to travel to Germany because if I go there, I will taste a lot of different breads and I will see skyscrapers in Frankfurt. ...

ISBN 978-3-12-505706-7

You will enjoy Scotland!

Task 1: *Read the text and highlight important information for your poster.*

Come and visit Scotland!

Scotland is a wonderful country where you will see and experience a lot of different things. It is part of the island of Great Britain and there are some interesting cities. The most famous city is Edinburgh. In Edinburgh visitors will see many old buildings like Edinburgh Castle and St Giles' Cathedral. Sometimes you meet original Scots who wear traditional clothes and play the bag-pipes. Another interesting city is Glasgow. In Glasgow there are a lot of pubs and clubs where people have parties and go dancing. There are a lot of young people in the cities of Scotland and they are very friendly to other young people from all over the world. The Scots have a special accent that is not always easy to understand, and sometimes it sounds a little bit funny.
Many people say that the most beautiful side of Scotland is its nature, especially the amazing Highlands, where the Highland cattle lives and where visitors love to go hiking to feel absolutely free. There are fascinating old castles. Some people only visit Scotland because of Loch Ness, a big lake in the High-lands. Tourists want to see Nessy, the monster of Loch Ness. But there are just a few people who say that they have seen it. When you are hungry, don't worry, there is great traditional Scottish food, for example, shortbread, famous Scottish biscuits. Some tourists drink tea but others like to drink Scottish whisky that is famous all over the world. The Scots love their traditions, also in sports. Many people from all over the world visit the Highland Games in Braemar, that show old Scottish sports, for example, tossing the caber and putting the stone. This is always a lot of fun. And sometimes Queen Elisabeth visits the games, so the Highland Games are a good chance to meet her.

19 **Highland cattle** *animals like cows with long hair* – 40 **tossing the caber** *Baumstammwerfen* – 41 **putting the stone** *Steinstoßen*

Task 2: *Create your poster. Give information on what tourists will see if they go to your country. Use conditional I to talk about the information for your poster in your group, e.g. if you think that Edinburgh should be on your poster, you can say:*

If you visit Scotland, you will see Edinburgh. I think this should be on our poster.

Task 3: *Tell your classmates about your country and try to persuade them to visit your country. Use conditional I to inform them about what they will see if they go to your country.*

If you travel to Germany, you will see a lot of different breads.
If you like skyscrapers, travel to Frankfurt.

Task 4: *Go back to your group and tell each other where you want to travel. Give reasons using the conditional I.*

I would like to travel to Germany because if I go there, I will taste a lot of different breads and I will see skyscrapers in Frankfurt. …

ISBN 978-3-12-505706-7

You will enjoy South Africa!

Task 1: *Read the text and highlight important information for your poster.*

Come and visit South Africa!

South Africa is a wonderful country where you will see and experience a lot of different things. Of course most people travel there because they want to go on safari to see wild animals, especially the Big Five – the elephant, the rhinoceros, the buffalo, the lion and the leopard. Many tourists really want to see lions, and then they are frightened because they see that the cats move around in groups. Elephants are so huge that visitors to safari parks are really excited to see one. On some safaris tourists also visit old African tribes and they meet native Africans and they get to know how they live in their little villages. However, there is more to see in South Africa, for example the fascinating landscape. People who like to go hiking travel to Table Mountain, a mountain near Cape Town. It is 1087 meters high and the air is a bit thinner on the top of the mountain, so some tourists feel a little bit dizzy. It is really hard to climb that mountain and you must be really fit.

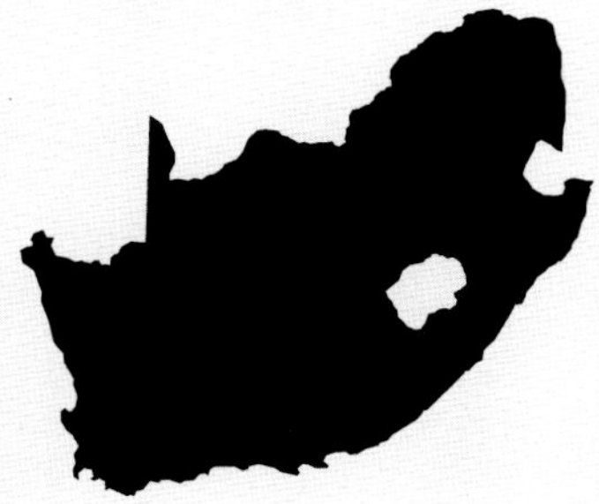

Other tourists also come to see South Africa's most famous city Cape Town. Cape Town is in the south of the country and has a lot of sights, for example, Nobel Square, a public place in the city. People love to go shopping in Cape Town. There are some huge shopping malls like Canal Walk. Another famous city in South Africa is Johannesburg. It is very interesting but as a tourist you have to be very careful because there is a lot of crime in the city. But it is the perfect place to taste traditional South African food, for example braai, the South African barbecue. Visitors to South Africa also like to see the ocean. There are a lot of animals. On nice days you will see dolphins and sometimes a whale swims by. There are also a lot of dangerous sea animals, especially sharks.

12 **tribe** group of people *(Stamm)* – 19 **dizzy** *schwindelig* – 28 **sights** places to see – 38 **braai** [braɪ] – 39 **barbecue** *Grill*

Task 2: *Create your poster. Give information on what tourists will see if they go to your country. Use conditional I to talk about the information for your poster in your group, e.g. if you think that the Big Five should be on your poster, you can say:*

If you visit South Africa, you will see the Big Five. I think this should be on our poster.

Task 3: *Tell your classmates about your country and try to persuade them to visit your country. Use conditional I to inform them about what they will see if they go to your country.*

If you travel to Germany, you will see a lot of different breads.
If you like skyscrapers, travel to Frankfurt.

Task 4: *Go back to your group and tell each other where you want to travel. Give reasons using the conditional I.*

I would like to travel to Germany because if I go there, I will taste a lot of different breads and I will see skyscrapers in Frankfurt. ...

ISBN 978-3-12-505706-7

You will enjoy the USA!

Task 1: *Read the text and highlight important information for your poster.*

Come and visit the USA!

The USA (United States of America) is a huge and fantastic country where you will see and experience a lot of different things. The USA has a lot of interesting cities. The most famous city is New York. Millions of tourists go there to see the Statue of Liberty, the Empire State Building or Central Park. In December visitors feel the spirit of Christmas with the huge Christmas tree at Rockefeller Center. Tourists often go to one of the cafés to taste the New York Cheesecake, a traditional cake. There are other fascinating and huge cities all over the country. There is San Francisco in the west with its famous Golden Gate Bridge. And there is Las Vegas in the desert of Nevada where visitors go to play for money in the big casinos. People who like jazz music and dancing travel to New Orleans in the south. There are also a lot of amusement parks in America. One of the biggest is Disney World in Florida where Mickey Mouse and his friends walk around and visitors can take pictures with them. However, the USA also has a beautiful landscape. Many tourists come because they want to see Grand Canyon with its red rocks. Visitors feel absolutely amazed there. Others feel completely free driving in a car on the long highways through the country. Many people stop at an American diner to have some traditional American food, for example, a burger with a beer. Some people want to see Indians, the native Americans. There are some places, for example, in California, where these Native Americans still live and some show visitors their way of life. There are also a lot of wild animals that live in the USA. There are bears in the north, snakes in the deserts and some bisons on the planes. The bald eagle is very famous and is a symbol of freedom.

7 **the spirit of Christmas** *weihnachtliche Stimmung* – 14 **desert** a big area only with sand and without water – 18 **amusement park** park with lots of attractions where people have fun in their free time – 30 **amazed** excited – 32 **highway** a long road for cars – 37 **native American** *Indianer / Ureinwohner Amerikas* – 41 **planes** huge areas of grass – 37 **bald eagle** *Weißkopf-Seeadler* – 42 **symbol of freedom** *Freiheitssymbol*

Task 2: *Create your poster. Give information on what tourists will see if they go to your country. Use conditional I to talk about the information for your poster in your group, e.g. if you think that New York City should be on your poster, you can say:*

If you visit the USA, you will see New York City. I think this should be on our poster.

Task 3: *Tell your classmates about your country and try to persuade them to visit your country. Use conditional I to inform them about what they will see if they go to your country.*

If you travel to Germany, you will see a lot of different breads.
If you like skyscrapers, travel to Frankfurt.

Task 4: *Go back to your group and tell each other where you want to travel. Give reasons using the conditional I.*

I would like to travel to Germany because if I go there, I will taste a lot of different breads and I will see skyscrapers in Frankfurt. ...

ISBN 978-3-12-505706-7

Where do I want to go?

Task: *Go and visit the different country stalls. Ask what you will see/experience if you travel to that country. Take notes in the boxes. Finally decide where you want to travel on your next holiday.*

Country	What I will see/experience

Country	What I will see/experience

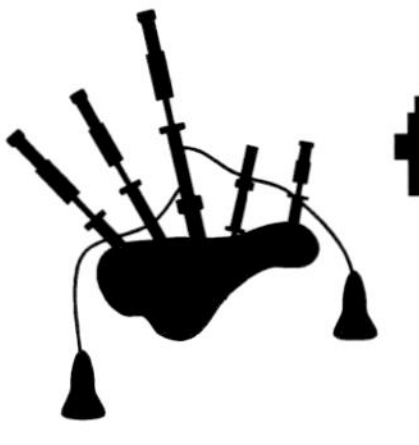

Country	What I will see/experience

Country	What I will see/experience

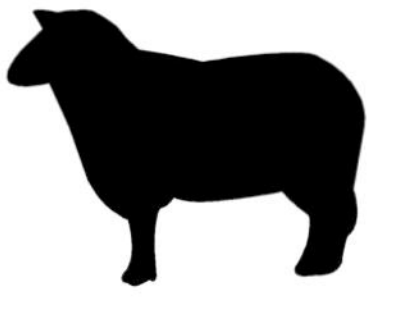

Country	What I will see/experience

On my next holiday I want to travel to ______________________ because if I go there,

I will ____

____

____

____

____

ISBN 978-3-12-505706-7

Decisions

Task: *Cut out the cards, shuffle them and put them face down on the table. Take one card, read out the situation and ask your partner what he/she would do if he/she was the person on the card. Use conditional II for the questions and answers.*

A: Jonathan missed the bus to school. What would you do if you **were** Jonathan?
B: If I **were** Jonathan, I **would call** a taxi.

Ellen needs money for a new smartphone.	**Simon lost his glasses.**	**Robin's knee hurts.**
Caroline feels cold.	**Susie is very tired every morning.**	**Mark wants to play the guitar.**
Liz is worried about the next English test.	**Sara would like to have a dog.**	**Murat won 1 million euros.**
Selin found a pirate's treasure.	**Sam is being bullied by some classmates.**	**Emma's room is a mess.**

ISBN 978-3-12-505706-7

A deadly walk

Task 1: *Cut out the cards, shuffle them and give them out to the group members. Now create the story. The pupil with the "start card" begins, reads out the card and puts it down in the middle of the table. Check your cards for the next sentence of the story. If you think you have it, read it out and put it down next to the "start card". Go on like this until the story is complete. Read out the complete story.*

START It was a nice summer day and Marc decided to go for a walk in the forest.	The snake got aggressive and bit Marc on his leg.	Marc said goodbye to Patti and went on. An hour later he heard a bird singing beautifully.
That's why he didn't see the snake in front of him and stepped on it.	Marc ran away so his heart-beat got faster. But this made the poison spread through Marc's body faster.	He hurt his knee. He wasn't able to walk very fast so he limped on slowly.
Marc decided to climb the tree. But after two metres he fell down.	Sitting on the rock, Marc got more and more tired. Soon he slid off the rock, hurt his head and became unconscious.	Marc had got lost and he was getting really tired and was not paying attention where he went.
A few minutes later a little branch fell down on Marc's shirt right where the spider was. It got scared and bit Marc.	On his way to the forest he met his friend Patti and he talked to her for half an hour.	Night came and Marc was still lying on the ground unconscious when a poisonous spider crawled under his shirt.
Marc felt the effects of the poison and his knee still hurt, so he decided to sit down on a rock for a moment.	He wanted to find the path again, but instead he walked deeper and deeper into the forest.	Patti told Marc that she had forgotten her smart-phone. So Marc decided to lend her his phone.
He found the singing animal. It was sitting high up in a tree so Marc couldn't see it.	He left the path in the wood to search for the bird.	The poison of the spider was very strong and the snake's poison was still in his veins – so Marc died.

Task 2: *Use **conditional III** and say what had not had to happen to save Marc. Take a card and make the sentence (e.g. "If the snake hadn't bitten Mark, he wouldn't have been poisoned"). You are finished when all the cards have been taken away.*

ISBN 978-3-12-505706-7

It would be different now

Task: *Imagine you are on a train back home and you are talking to your mother on the phone. Take roles and read out the dialogue. Use conditionals (I, II, III, II+III). Check and complete your partner's answers.*

PARTNER A	PARTNER B
Du begrüßt deine Mutter und sagst ihr, dass du später nach Hause kommen wirst*, weil du einen anderen Zug nehmen musstest. **Falls alles gut geht, wirst du in drei Stunden daheim sein.** *(to be home late)*	Hello mum. I will be home late because I had to take a different train. **If everything goes well, I will be home in three hours.**
Hello ______________. That's okay, of course. **I will make you dinner even if you don't get home for five hours.**	Du grüßt zurück und sagst, dass das natürlich in Ordnung geht. **Du wirst ihm auch Abendessen* machen, selbst wenn er erst in fünf Stunden nach Hause kommt.** *(dinner)*
Du bedankst dich und erklärst ihr, dass du **deinen Zug bekommen hättest*, wenn Susie nicht hingefallen wäre und sich den Arm gebrochen hätte.** *(to get a train)*	Thank you, mum! **I would have got my train if Susie hadn't fallen down and broken her arm.**
Why did she fall down? She often falls down. **If I were Susie, I would walk more carefully.**	Du fragst, warum sie gefallen ist und bemerkst, dass sie oft hinfällt. **Wenn du Susie wärst, würdest du vorsichtiger laufen.**
Du berichtest, dass **sie nicht gefallen wäre, wenn sie ihre Brille nicht verloren hätte.**	**She wouldn't have fallen down if she hadn't lost her glasses.**
If it's ok with Susie, I will visit her next week.	**Falls Susie es erlaubt, wirst du sie nächste Woche besuchen.**
Du denkst, dass das eine gute Idee ist. **Falls du die Zeit zurückdrehen* könntest, würdest du Susie warnen.** *(to turn back time)*	That's a good idea. **If I could turn back time, I would warn Susie.**
Susie was lucky. **If you hadn't been there, she would have been alone.**	Du sagst, dass Susie Glück hatte*. **Falls er nicht dort gewesen wäre, wäre sie alleine gewesen.** (to be lucky)
Du bist traurig. **Wenn sie nicht gefallen wäre, säße sie nun neben dir im Zug.**	I'm sad. **If she hadn't fallen down, she would be sitting right next to me on the train now.**
Don't be sad. She will be fine soon. **If you hadn't travelled to the seaside with her, you would also be sad now.**	Du sagst, er soll nicht traurig sein. Es wird ihr bald wieder gut gehen. **Falls er/sie nicht mit ihr ans Meer gereist wäre, wäre er jetzt auch traurig.**
Du stimmst ihr zu und verabschiedest dich.	I agree with you. See you later, goodbye.
Goodbye. And take care of yourself.	Du verabschiedest dich und bittest ihn, vorsichtig zu sein.

ISBN 978-3-12-505706-7

Relative clauses

KV 52 | 10–15 min

Practicing – Level 2

Group work

1. I'm looking for a word – Beschreiben mit Relativsätzen

Die Schüler verwenden Relativsätze, um etwas zu beschreiben, dessen englische Bezeichnung sie nicht kennen.

Die Lehrkraft eröffnet die Übung mit einem Beispiel zum Wort *elephant*: *„I'm thinking about something but I don't know the English word. Maybe you can help me. I'm looking for a word for something which is big and grey and which lives in Africa. It is an animal which has big ears and a long trunk."* Die Schüler antworten, wenn sie das gesuchte Wort kennen *(The word that you are looking for is "elephant".)*.
Die Schüler finden sich in Dreier- bis Vierergruppen zusammen und jede Gruppe erhält einen Stapel aus den zuvor von der Lehrkraft aus KV 52 ausgeschnittenen Karten. Die Karten werden verdeckt auf dem Tisch verteilt.
Der jüngste Schüler beginnt und zieht eine Karte. Er beschreibt den abgedruckten Begriff mit Relativsätzen, ohne ihn selbst zu nennen. Er beginnt seine Beschreibung stets mit dem Einstiegssatz, der im Einstiegsbeispiel an die Tafel geschrieben wurde: *„I am looking for a word for somebody/something ...".* Die Schüler finden Hilfen zur Beschreibung auf den Kärtchen. Die Gruppenmitglieder müssen herausfinden, um was bzw. wen es ich handelt.
Wurde ein Begriff erraten, geht es im Uhrzeigersinn weiter. Der nächste Schüler zieht eine neue Karte und beschreibt den Begriff mit Relativsätzen, bis seine Mitschüler ihn erraten haben.
Jeder Schüler sollte mindestens eine Beschreibung vorgenommen haben, bevor die Übung endet.
Im Plenum wird die Übung an weiteren Wörtern wiederholt *(e.g. bus, window)*.

Tipps

Differenzierung

- Die Übung kann ergänzend oder alternativ mit von den Schülern selbst gewählten Begriffen bzw. Personen durchgeführt werden.

KV 53 | 20–25 min

Practicing – Level 2

Milling around

2. The things we do – Informationsweitergabe mit *contact clauses*

Die Schüler verwenden *contact clauses*, um Informationen über sich und über Mitschüler auszutauschen.

Jeder Schüler erhält KV 53 und Tische und Stühle werden beiseite geräumt, sodass ein Forum entsteht, auf dem sich die Schüler frei bewegen und wechselnd neue Partner finden.
Die Paare stellen sich zunächst die Fragen vom Fragebogen und kreuzen die entsprechende Antwort des Partners an. Sprachlich verwenden sie wie im angegebenen Beispiel in Frage und Antwort *contact clauses (e.g. What are the films you watch? – The films I watch are fantasy films.)*. Haben sich die Partner gegenseitig interviewt, informieren sie sich in Gesprächsphase 2 (erst ab dem zweiten Interviewpartner möglich) mit *contact clauses* über die Antworten eines zuvor interviewten Partners *(e.g. The films ... watches are fantasy films. The music he listens to is ...)*.

Die Schüler sollten Gespräche mit zwei bis vier Mitschülern führen.
Abschließend stellen im Plenum verschiedene Schüler die Antworten eines interviewten Mitschülers vor.

Tipps

- Sollten Ihre Schüler die indirekte Rede noch nicht beherrschen, kann die Vorstellung der Aussagen der Mitschüler unter Vermeidung von Einleitewörtern ohne *backshift* erfolgen.

- In schwächeren Klassen kann Gesprächsphase 2 ins Plenum ausgelagert werden. **Differenzierung**

I am looking for a word

apple
- grow on a tree
- round
- red and green
- eat
- buy at a supermarket

pizza
- round
- yummy
- not very healthy
- Italian food

smartphone
- many people
- small
- used to call people
- write messages
- touchscreen

board
- classroom
- big
- is on the wall
- green/white
- used to write on

doctor
- white working coat
- studied at a university
- care for sick people
- at a hospital

baby
- can't speak
- can't walk
- very small
- cute
- very young

ball
- round
- many sizes
- play
- buy

teacher
- studied at university
- at school
- know a lot about subjects
- children

waiter
- restaurant
- food and drinks
- the bill
- the menu

flower
- in the garden
- many colours
- need sun and water
- important for bees

rabbit
- small
- long ears
- in woods
- salad & carrots

plane
- very fast
- fly from one place to another
- big
- loud

ISBN 978-3-12-505706-7

The things we do

Task: *Find partners, ask each other the questions (Q1 to Q4) below and tick ✔ their answers. Then tell each other about the answers of one of your other partners. Use contact clauses! Read the example before you start.*

A: Which are the films you watch – action, love, fantasy or horror films?
B: The films I watch are fantasy and action films. Which are the films you watch? …
A: Thanks for your answers. I also talked to Max. The films he watches are horror films. The music he listens to is …
B: That's interesting, thank you. – I talked to …

Q1: Which are the films you watch – action, love, fantasy or horror films?
Q2: Which is the music you listen to – rock, hip-hop, pop or classical music?
Q3: Which are the games you play – video, family, sport or creative games?
Q4: Which is the topic you are interested in most – history, foreign countries, nature or sports?

Questions	Classmate 1	Classmate 2	Classmate 3	Classmate 4
1. Films				
– action	❍	❍	❍	❍
– love	❍	❍	❍	❍
– fantasy	❍	❍	❍	❍
– horror	❍	❍	❍	❍
2. Music				
– rock	❍	❍	❍	❍
– hip hop	❍	❍	❍	❍
– pop	❍	❍	❍	❍
– classical	❍	❍	❍	❍
3. Games				
– video	❍	❍	❍	❍
– family	❍	❍	❍	❍
– sport	❍	❍	❍	❍
– creative	❍	❍	❍	❍
4. Topics				
– history	❍	❍	❍	❍
– foreign countries	❍	❍	❍	❍
– nature	❍	❍	❍	❍
– sports	❍	❍	❍	❍

ISBN 978-3-12-505706-7

Indirect Speech

Die indirekte Rede wird von den Schülern in einigen Übungen* in diesem Band automatisch genutzt, ohne auf der Metaebene eine Rolle zu spielen. Diese Übungen können neben den in diesem Kapitel angeführten auch verwendet werden, um die indirekte Rede auf der Metaebene zu fokussieren.

20–25 min

Practicing – Level 1

Bus stop

1. Who is it? – Beschreibungen wiedergeben

Die Schüler verwenden die indirekte Rede, um wiederzugeben wie Mitschüler eine andere Person beschreiben.

In Einzelarbeit macht sich jeder Schüler in **Phase 1** in sein Heft Notizen über eine berühmte Person seiner Wahl, sodass er diese in einem ein- bis zweiminütigen Monolog vorstellen kann.
Im Anschluss bilden sich in **Phase 2** über den *bus stop* (s. S. 10) Paare. Ein Partner stellt mithilfe seiner Notizen seine berühmte Person vor (ohne dabei den Namen zu nennen), der andere macht sich Notizen und versucht zu erraten, um wen es sich handelt. Danach wechseln die Rollen.
In **Phase 3** kommen über den *bus stop* wieder neue Paare zusammen und die Partner berichten in indirekter Rede von der Berühmtheit, die ihnen von ihren Partnern in Phase 2 vorgestellt wurde. Sie versuchen jeweils die beschriebene Berühmtheit zu erraten, bevor sie über den *bus stop* neue Partner finden und die Übung noch ein bis zweimal wiederholen.
Im Plenum stellen abschließend einige Schüler bei ihren Mitschülern beliebte Berühmtheiten vor.

Tipp

- Sollten Sie bei Ihrer Lerngruppe Startschwierigkeiten befürchten, können im Vorfeld im Plenum Kategorien an der Tafel gesammelt werden *(e.g. sex, age, outer appearance, famous for, family/friends/enemies, location etc.)*.

KV 54

25–30 min

Practicing – Level 2

Bus stop
3-step interview

2. Our new classmate – Jemanden vorstellen

Die Schüler verwenden die indirekte Rede, um Mitschülern eine Person vorzustellen.

Die Lehrkraft führt im Plenum das Szenario der Übung ein: *„Imagine there is a new student at our school and you have to introduce the new student to the class."*
Jeder Schüler erhält KV 54 und notiert in **Task 1** sechs Fragen, die er dem neuen Schüler stellen möchte und von denen er annimmt, dass die Antworten für die Klasse interessant sein könnten. Die Schüler sollen sich dabei vier Fragen mit verschiedenen Fragepronomen *(what, why, when, where, how)* und zwei Entscheidungsfragen ausdenken.
In **Task 2** bilden sich mit der *bus stop*-Methode Paare. Die Partner stellen sich gegenseitig ihre Fragen und fertigen Notizen über die Antworten an.

* Es handelt sich dabei um die Übungen: Past tense 1; Present perfect 2; Gerund 3; Infinitives 3, 4, 5; Passive 4; Relative clauses 2

In **Task 3** finden sich über den *bus stop* neue Paare und die Partner stellen sich unter Verwendung der indirekten Rede gegenseitig ihren Partner aus Task 2 vor. Task 3 wird ein- bis zweimal mit neuen Partnern wiederholt.
Im Plenum treten einzelne Paare aus Task 2 vor die Klasse und ein Partner stellt der Klasse den anderen Partner als neuen Mitschüler vor.

Tipps

- Sollten die Schüler Anlaufschwierigkeiten bei Task 1 haben, können zunächst zwei bis drei Beispielfragen im Plenum gesammelt werden.
- Ermuntern Sie Ihre Schüler dazu, in die Rolle eines neuen Schülers zu schlüpfen und in Task 2 aus dieser Perspektive auf die Fragen zu antworten.
- Die Schüler sollten explizit dazu angehalten werden, den jeweiligen kommunikativen Kontext zu berücksichtigen und entsprechende Eröffnungs- und Abschlussphrasen zu nutzen *(e.g. Hello ... I would like to introduce a new student to you. ... I hope you will be friendly to him.)*.

Differenzierung

- Jeder Schüler sollte Task 3 mindestens einmal erledigen. Schnellere Schüler wiederholen die Übung entsprechend öfter.
- Je nach Leistungsstand können die Schüler aufgefordert werden, in ihren Fragen verschiedene Zeitstufen zu benutzen. In Task 3 müssen sie dann beim *backshift* verschiedene Tempora berücksichtigen, was die Übung erschwert.

3. Red carpet interviews– Über ein Interview berichten

30–35 min | KV 55

Practicing – Level 2

Group work
Milling around
3-step interview

Die Schüler verwenden die indirekte Rede, um ihre Mitschüler über die Antworten aus einem Interview mit einer Berühmtheit zu informieren.

Die Schüler finden sich in Dreier- bis Vierergruppen zusammen und die Lehrkraft beschreibt das Szenario: *„You all work for a famous VIP magazine and you are supposed to do red carpet interviews. Your group members are your colleagues and you have to prepare the interview together."*

Jeder Schüler erhält KV 55 und notiert sich in **Task 1** in Stillarbeit fünf Fragen, die er einer Berühmtheit auf dem roten Teppich stellen würde.
In **Task 2** tauschen die Schüler sich mit ihren Gruppenmitgliedern über ihre Fragen aus und bewerten sie gemeinsam als interessant und geeignet oder als weniger geeignet. Werden einzelne Fragen mehrheitlich für ungeeignet befunden, finden die Schüler gemeinsam in der Gruppe eine neue Frage für den jeweiligen Interviewer, diese wird auf der KV festgehalten.
Für **Task 3** werden die Gruppen aufgelöst und jeder Schüler überlegt sich, welche Berühmtheit er interviewen möchte. Tische und Stühle werden beiseite geräumt, sodass ein Forum entsteht, auf dem die Schüler sich einen Partner suchen. Ein Partner beginnt in der Rolle des Reporters, der andere ist die Berühmtheit, die interviewt wird. Der Reporter beginnt das Interview mit einer persönlichen Begrüßung, wobei er dem Partner mitteilt, wen dieser spielen soll. Der Partner schlüpft in die Rolle dieses Stars und beantwortet die Fragen. Der Reporter notiert die Antworten. Nachdem sich der Reporter für das Interview bedankt hat werden die Rollen gewechselt.
In **Task 4** kehren die Schüler in ihre Gruppen zurück und berichten unter Verwendung der indirekten Rede von den Antworten ihrer Berühmtheit.

Abschließend stellen einige Schüler die Antworten ihrer interviewten Stars im Plenum vor.

Tipps

- Weisen Sie die Schüler darauf hin, der Klasse allgemein bekannte Berühmtheiten für ihre Interviews zu wählen.
- Ermuntern Sie die Schüler dazu, ihr schauspielerisches Talent zu nutzen und die Interviews als Rollenspiel zu verstehen und authentisch in die Rolle der jeweiligen Berühmtheit zu schlüpfen. Dies erhöht den Spaß an der Übung.

Differenzierung

- Je nach Kenntnisstand der Lerngruppe können verschiedene Zeitformen in die Interviews integriert werden, die dann in Task 4 beim *backshift* zu berücksichtigen sind.
- Schnellere Gruppen notieren sich in Task 2 noch ein bis zwei weitere Fragen.

Our new classmate

Task 1: *Write down six questions you would like to ask your new classmate to introduce him/her to your classmates. Use four different question words (what, why, when, where, how) and make two yes/no-questions.*

Questions	Answers

Task 2: *Find a partner. One of you plays the role of the new student and the other one asks his/her questions from task 1. Then swap roles. Take notes on each other's answers in the table above.*

Task 3: *Find a new partner and introduce your partner from task 2 to him/her. Use indirect speech and different introductory verbs (e.g. to answer, to reply, to say, to tell sb, to explain, to inform sb).*

ISBN 978-3-12-505706-7

Red carpet interviews

Task 1: *Each of you write down five questions you would like to ask a VIP in a red carpet interview.*

Task 2: *Discuss your questions in your group. Decide which questions are interesting and which questions should not be asked. Replace not so interesting questions with better ones together.*

Task 3: *Everybody leave the group and decide on a VIP that you are going to interview. Then find a partner. One is the reporter and the other one is the VIP. Start your interview with a personal greeting so that your partner knows who she or he is going to play. Say something like: "Hello Lady Gaga. May I ask you some questions for my magazine?". Take notes on the answers. Then swap roles.*

Task 4: *Meet again in your group and tell each other about your VIP's answers. Use indirect speech and different introductory verbs (e.g. to answer, to reply, to tell sb, to explain, to point out, to admit, to inform sb).*

ISBN 978-3-12-505706-7

The conversation flight

Take off
(saying hello and topic)

Hello. How are you?

Can I ask you some questions about … ?

I would like to talk to you about …

What do you think about …?

That's an important / interesting point (but …)

I like the idea.

I (don't) agree. / That's not how I see it.

I think … / In my opinion …

That's an interesting idea (but …)

How about you?

I'd like to add that …

That's a great idea.

Flight
(conversation about the topic)

I've got another idea.

Let me think about that for a moment.

Sorry, I didn't catch that. Can you say that again?

Would you like to go on?

Can you repeat your sentence/ question, please?

It's your turn.

Any more ideas?

Sorry, could you explain what you mean?

It seems that no one has any more ideas.

I think we can agree that …

I think I've got all your answers.

Thank you very much. / You're welcome.

Landing
(result and saying goodbye)

I think we've finished.

Goodbye!

ISBN 978-3-12-505706-7